『東京物語』と日本人

小野俊太郎
Ono Shuntaro

松柏社

はじめに　世界が認めたから偉いのか

小津安二郎監督の『東京物語』は一九五三年の十一月三日の文化の日に公開された。尾道に次女京子と暮らす平山周吉ととみの老夫婦が東京を訪れる話である。

東京には医者をやっている長男幸一と美容院を営む長女志げの家族がいる。さらに戦死した次男昌二の妻紀子が一人暮らしをしている。彼らと会うための旅行だったのだが、最初は歓迎されるものの、忙しい日常生活のなかで相手にしてもらえず、都内めぐりの観光バスに乗せてくれたのは紀子だった。そして幸一と志げが勧めた熱海に行っても、そこは若者向けの観光地になっていて落ち着くことができなかった。

早々に東京にもどると居場所がなくなり、周吉は旧友と再会し酔っ払って帰ってくる始末だし、とみは紀子の許に泊めてもらう。尾道に帰る列車の中でとみの気分が悪くなったので、大阪で下車して三男の敬三のところに宿泊する。とみは尾道に着くと危篤状態になり亡くなってしまう。平山家の四人の兄弟姉妹と紀子が集まった葬式の後で、ひとり残った周吉が家の外を見ているところで映画は終わる。

「ストーリーのないドラマ」を目指した小津らしく社会的な事件は何も起こらない映画だが、六十年以上経って評価はますます高くなっている。最近ではイギリスの映画雑誌の「サイト・アンド・サウンド」誌が十年に一度行うオールタイムベスト映画投票で、二〇一二年に映画批評家たちは第三位に、監督たちは第一位に選出したのが話題になった。ニューヨーク・タイムズも『東京物語』についての短い紹介ビデオをユーチューブにあげていて、批評家のA・O・スコットが解説をしている。親子の関係という普遍的なテーマを扱った最良の映画のひとつ、というのがその評価である。まさに世界が認めた日本が誇る映画芸術作品というわけだ。

公開当時のプレスシートの文言には「馥郁《ふくいく》たる香気に包まれた流麗の映画美！」とか「哀愁と詩情漂う小津芸術最高の名篇」とある。宣伝文句が内容紹介ではなくて「映画美」や「哀愁と詩情」のように鑑賞のツボを教えてくれている。ほぼ、この範囲内で『東京物語』は賞賛されてきた。「映画美」派は構図や舞台装置や美術に目を向ける。「哀愁と詩情」派は親子の情愛や人生の哀歓や無常観や東洋的美学に目を向ける。だから、そうした結論が出てきても、すべて松竹宣伝部の想定内に思える。

こうした「文芸映画」や「芸術映画」としての小津映画は、ほぼ年一作のペースで公開され、芸術祭にも参加していた。『東京物語』も見事この年の芸術祭文部大臣賞を受賞している。小津映画は芸術祭だけでなく批評家たちが選出する「キネマ旬報」のベストテンの常連であった。小津は戦前から批評家による評価を気にしていたが、あまりヒットしない映画を作り続けるために評価を得続けることが必要だったのだ。

『東京物語』は五三年には「キネ旬」ベストテンの第二位となっている。当時の文脈を知るためにも、十位までの作品をあげてみよう。

第一位　『にごりえ』今井正監督（樋口一葉原作）
第二位　『東京物語』小津安二郎監督
第三位　『雨月物語』溝口健二監督（上田秋成原作）
第四位　『煙突の見える場所』五所平之助監督（椎名麟三原作）
第五位　『あにいもうと』成瀬巳喜男監督（室生犀星原作）
第六位　『日本の悲劇』木下恵介監督
第七位　『ひめゆりの塔』今井正監督（石野径一郎原作）
第八位　『雁』豊田四郎監督（森鷗外原作）
第九位　『祇園囃子』溝口健二監督（川口松太郎原作）

第十位　『縮図』新藤兼人監督（徳田秋声原作）

こうして見ると文芸作品を原作にした映画が多い。原作付きとリメイクは映画の新作を生み出す重要な契機となってきた。今でも「人気小説やマンガの映画化」という言葉が宣伝文句となるし、映画は物語産業や過去の遺産からそれほど自立してはいない。もちろん完成した映画作品は原作小説などとは別物であって、テクストとして映画を観るときには物語的要素や内容は邪魔だとみなす考えが強くあるし、そうした方法論がアカデミズムにおける映画研究の主流となっている。

小津自身の立場も同じで、原作などはあくまでも「口実《プリテクスト》」であって、原作からほど遠くなるまで改変するのは映画の自由、とみなしているようだ。だが、多くの観客は別にショットのつながりの見事さとか、ライティングの工夫とか、構図のすばらしさを愛でるために映画館に行くわけではない。芸術としての映画の基準と、娯楽や興行としての映画の受容との間にはかなりのずれがある。

もっとも、『東京物語』はオリジナルのシナリオで勝負をかけているので、原作に束縛されたり邪魔される心配はなかった。舞台を尾道にするというインスピレーションを与えたのは志賀直哉の『暗夜行路』だろうが、直接の題材となったわけではない。またレオ・

マッケリー監督の『明日は来らず』もヒントを与えてくれたが、原作とまでは言えないだろう。それでも両作の影響は無視できない（＊1）。

ベストテン中のオリジナル作品としては他に『日本の悲劇』があるが、これこそ『東京物語』と鋭く対立し、それだけ反面教師的な意味でのつながりが深い。この作品の松竹内での試写会が終わると小津は感想を述べずに黙って立ち去ったことで知られる。当日の六月二日の日記には「木下恵介の〈日本の悲劇〉の試写をみる。野心作ならむも一向に感銘なく粗雑にして、す（鬆）の入りたる大根を噛むに似たり。奇にして凡作也」と一刀両断にしている。グルメだった小津が大根の比喩を使っている点に、とりわけ拒絶の意思が強く感じられる。シナリオだけで未完に終わった最後の作品のタイトルも『大根と人参』だった（これは後に渋谷実監督によって映画化されたが別物と言ってよい）。

日記というあくまでも私的な記録における意見の表明ではあるが、そのまま鵜呑みにするわけにはいかないし、黙殺しなかったことのほうが興味深い。なぜなら、他の映画作品に対しての記述はかなりそっけないからだ。「本日休診をみる凡作」「春の鼓笛——なんとも不思議な映画だ。高峰三枝子甚だよろしからず。第三の男——仲々よろしい」「吉村の〈千羽鶴〉を見る。少しく説明でありすぎる。豊田の〈春のささやき〉を見る」といった調子である。たいていひと言の感想で片づけられてしまう。それに対して悪口の言葉を並べた『日本の悲劇』には強い反発が感じられるではないか。母と子の断絶を描いたこの作品を「野心作」とみなして無視はできないのだが、小津自身は別のタイプの作品を作る気概を持ったはずだ。

『日本の悲劇』の試写を観る前の五月までに『東京物語』のシナリオは完成していて、七月からクランクインする予定になっていた。自分の映画こそが「日本の悲劇」を描いているという自負があったのかもしれない。しかも日記で木下映画を否定した記述のすぐ前には、撮影所の所長が「脚本〈東京物語〉面白しとのこと也」と書きつけている。並べて読むと対抗意識が明らかに感じられる。『東京物語』の迫力を生んだのは『日本の悲劇』が原因かもしれない以上、どこに両者の相違点があるのかは考えるべきである。

＊

『東京物語』のあとに八本の作品を完成させて小津は一九六三年に亡くなったのだが、八〇年前後に復活するまで一度は忘れられかけた監督だったと言える。当時、若者に再発見された小津の位置づけを長谷正人は三点に整理している。それによると「戦前のアメリカ映画的なモダンな小津」「メタ映画的な前衛作家としての小津」「反復が心地よいミニマル・ミュージックのような現代アート作品としての小津」といったぐあいだ(「反＝接吻映画としての『晩春』」)。

こうした反応は同世代の人間としてよくわかる。当時は今のように手軽に小津映画を観ることはできなかった。そもそも過去の映画作品へのアクセスは、放映時間に合わせて長さが編集されて内容が切られることの多かったテレビの深夜などの放映を除くと、名画座やオールナイト五本立てなどに限られていた。そのような環境の中で小津映画を観て、二十年以上前に作られた老人趣味の古臭い作品かと思っていたら、意外にモダンだったことに喜んだわけだ。

とりわけ戦前に作られた『大学は出たけれど』や『非常線の女』に登場する一九三〇年前後の東京の中心部の光景は「帝都」と自称していた都会のきらびやかさを持っていた。学校の教科書で習った戦争前夜の「暗い日本」とはどこか違う姿も見えて、歴史の複雑さを知ることになる。そして、戦後の結婚話を主題とする小津作品は、テレビで流される安っぽいセットで演じられたホームドラマとはどこか異なり、大作主義に走って大味になっていた当時の映画への一服の清涼剤として受け取られたのだ。

八〇年代以降に蓮實重彦や田中真澄や貴田庄《しょう》などの努力もあって、「古臭い」とか「冗漫で退屈だ」という評価が一転して高い評価へと変わり、今では評判もすっかり高止まりになってしまった。家族や親子関係という「普遍性」を描いていることが、「貧困」や「闘争」のない脱イデオロギー的な心地よさとみなされ、リアルタイムでは小津作品をあまり観ていなかった団塊世代がしだいに高齢となるなかで、「日本回帰」にふさわしい作品として再発見されていく。脂っこい洋食を受けつけられなくなると、健康志向で和食に向かうようなものだ。こうした世代的な押し上げも小津人気の一因である。

公開時の予告編に出てくる文言を拾うと、「いのちあるもののおしなべてさけがたい」「親であり子であるつながりが生む」「かぎりないよろこびとかなしみ」「日常の庶民の生活のなかに」「ふつふつとかもされる親愛感」「名匠小津安二郎監督が一年一作の」「鬱然として豊潤の傑作」とあるが、その後の人々の感想とあまりへだたりがない。こうした小津映画は、幕の内弁当とおなじく四角い仕切りの中に題材がきちんと盛りつけられていて、まさに「秋刀魚」や「お茶漬け」のように毎日食べても飽きない作品と感じられた。

もっとも、そうした骨董品的な扱いをいちばん警戒し批判していたのが蓮實重彦の『監督　小津安二郎』だったはずなのに、先鋭的なモダンな小津のほうはいつしか忘れられてノスタルジーの対象になっている。むしろ「古きものの美しい復権」（『小津安二郎を読む』）という評価が現在の主流である。そして『パリ、テキサス』で有名になったヴィム・ヴェンダースが、『東京画』（八五年、日本公開八九年）という小津映画をめぐるドキュメンタリーを撮ったときに、「世界の小津」と日本人が呼称する準備が整ったのだろう。

一九八〇年代後半に日本はバブル経済を迎えて、「ジャパン・アズ・ナンバーワン」のような自尊心をくすぐる標語に酔っていた。ベルリンの壁の崩壊や冷戦体制の終結の時期に、大きな物語を扱う黒澤明や溝口健二ではない、日本を代表する文化物として、市井の「小さな物語」を扱う小津映画はぴったりだった。とりわけ戦後の作品は「早春」「晩春」「麦秋」と俳句の季語のようにタイトルもこぢんまりとしていて内容も清潔である。戦前のギャング映画のような暴力シーンもなく、長屋を舞台にした庶民の喜八を主人公にした喜八もののような貧困も描かれず、中流階級の家庭の結婚話を描き、構図や小道具に至るまで、どこにも手抜きのない職人技が発揮されている。

小津映画は「一億総中流」の時代にぴったりに思えた。そのころの白物家電か乗用車と同じで、日本製の車はバンパーの裏側のような見えない箇所まで磨き上げている、と驚嘆された品質管理の高さを連想させたのだ。小津映画の衣装に協力した三越や髙島屋というデパートの「贈答品」が思い浮かぶ。五〇年代から、三越は猪熊源一郎による波に洗われた石を華に見立てたデザインを、髙島屋は高岡徳太郎の手になる薔薇のデザインを包装紙に採用していた。その包装紙の下には品質が保証された贈答品が入っているのと同じように、小津映画では品質が保証された花嫁たちが家から送り出される。

しかも複製技術の進歩のおかげで、個人でも小津映画を所有できるようになった。この世にたったひとつしかない逸品の美術工芸品とは異なり、映画なら手軽に複製してホームビデオ機で好きなときに鑑賞できる。たとえ梅原龍三郎や橋本明治の絵の本物は手に入らなくても、映像ならば所有するのも簡単である。小津作品がVHSでリリースされたのは一九九〇年代以降だが、子育てを終えた団塊世代が自分の趣味にお金を使えるようになった頃でもあった。

小津が愛した上野の御徒町駅近くの蓬莱屋のトンカツも松阪の老舗の和田金のスキヤキも追体験できるようになり、「ぜいたくは素敵だ」という小津の世界に観客が追いついたのである。現存する全作品が今ではDVDで視聴できる。それどころか没後五十年経って著作権が切れたせいで、ユーチューブで貴重な初期作品を観ることもできる。もともと字幕で会話が表現されていたサイレント映画では、字幕の箇所さえ取り替えれば違和感を与えない。このようにして小津映画は国境を越えて世界中に拡散している。

＊

「家族」とか「親子」といった内容が持つ普遍性を強調する議論以外では、ショットの構図や配列など画像を中心に分析するのが映画研究の主流である。図像的な要素は文化の差異を超えて処理できるので世界中で研究しやすい。言語や文化コードの壁を超えて理解できるように思えるからだ。映画を「活動写真」とみなして、画像を一枚一枚バラバラにして分析する論はたくさんある。若い頃の小津の写真への傾倒を手がかりに分析したり、子供時代の絵から始まり、本の装丁をしてセットの提灯などの文字を書く、というデザイン志向からその特徴が説明できる。

だが、フィルムが持つ運動のリズムや官能性を理解するには、動画そのものによる検証がいちばんで、そうした分析もすでに存在する。匿名の映像作家KOGONADAが行っている映像による比較は、文字や静止図版による論証を超えて直感的に小津映画の特徴を理解させてくれる。「小津の通行人」というファイルは、カラー作品における通行人の動きを並べてみせる。路地などを横に歩く人々、あるいは列車の通路や会社の廊下を歩く人々が同じリズムで歩くように撮影されていたことが一目瞭然となる。しかも画面を二分割して左右に並べることで、異なる映画の場面の比較が簡単にできてしまう（＊2）。

KOGONADAの作業は、編集がそのまま批評となりえることをしめし、上映時のスクリーンの記憶やメモを元に映画を論じる時代が終わったことを告げている（＊3）。残念ながら旧式のメディアである活字本や雑誌ではこうした手法の採用は無理だろうが、映像のフェアユースの法制化が進めば、電子本に映像ファイルを自在に埋め込む形で今後、実現するようになる。そのとき映像批評自体が大きく転回をとげるはずだ。

ただしこうした手法は、画面の反復や構図の異同を重視するあまり、映っている細部を見逃してしまう。すぐれた洞察を得るには、何らかの盲点がともなうのは避けられない。「形式」分析が「内容」を捨てるのは致し方ないし、「全体」のためには「細部」は無視されがちだ。だが、サイレント映画のように映像だけをとらえて、台詞や音や音楽や俳優の所作に無関心なまま分析するのは不十分に思える。それに俳優の動きや表情が持つ社会コードを無視しては、小津が意図的に行っているコードずらしはわかり難い。とりわけユーモアは社会的コードと密接なつながりを持っている。

文化理解に誤読や誤解はつきものではあるが、小津映画を通した海外での日本理解は図像的美か東洋的無常観といった一面的な要素を強調しがちである。一例がインターネット上の「スタンフォード哲学百科事典」にある「日本の美学」という項目である(＊4)。執筆者が匿名で無責任な内容の多い「ウィキペディア」とは異なり、この事典は編集委員が置かれ、各項目の執筆者の名前も表記されて、責任の所在がはっきりしている。

「日本の美学」を記述しているのは、現在アイルランドのコーク大学で哲学を教えるグレアム・パークスである。パークスはハイデガーと京都学派の関連を扱った論文も書いている。項目の内容は「もののあわれ」に始まって「侘」「寂」「幽玄」「粋」「切れ」と来て、最後に「小津安二郎」を置いている。視覚的な「切れ」の部分の延長であり、『晩春』と『東京物語』が図像とともに引用されているのだが、この最後の選択にどこか落ち着かない気分を感じてしまう。小津の映画はフィクションなのだし、これをもってして日本人や日本文化の日常だと理解されると困ったことにもなりかねない。『小津安二郎の美学』を書いたドナルド・リチーが執筆後に現実の日本を訪れて幻滅し後悔していた、というエピソードを四方田犬彦は紹介している（「『東京物語』の余白に」）。まるで『東京物語』の周吉ととみの夫婦が訪れて知った東京の子供たちに対する幻滅をなぞった感じだ。

美しいものは遠くから眺めるのが最善かもしれない。伴蒿蹊《ばんこうけい》の『近世畸人伝』が紹介する江戸時代の俳人滝（野）瓢水の句に従えば、「手に取るなやはり野に置け蓮華草」というわけだ。だがよく知られたこの句そのものがまさに『東京物語』の奥に隠されている気がする。映画内で他ならぬ瓢水の句が二度も引用されている。瓢水は放蕩のかぎりを尽くして生家を傾かせ、生涯心配をかけた母の葬式にも間に合わずに、その墓を前にして「さればとて石にふとんも着せられず」と詠んだ。これも『近世畸人伝』にある。小津は元の「石」ではなく「墓」と誤った形で三男の敬三に繰り返し言わせている。

もちろん俳句や古典好きの小津のことだから、現在の兵庫県の播磨生まれで大阪で客死した滝瓢水の人生を知っていて、大阪の国鉄職員である三男の台詞に振ったのだろう。母の死に目に遅れたことを詠んだこの句を口にした三男が、とみの臨終に遅れる、という結末を察知した観客もいたはずである。それは小津の想定内だったのではないか。そう考えると映像分析だけではとうてい理解できないわけで、『東京物語』のたくらみは、もっと別のところにある。

俳句の借用はローカルすぎると考えられるかもしれない。けれども、「世界の小津」のように「世界の」という冠がつきだすと、神格化が始まって価値判断が停止してしまうことが多い。表現は勇ましくグローバルだが、どこか自己満足的となる。何しろ日本語で「世界の」と書いているだけなのだから外国人にはわからない。どこまでも日本人向けの内向きの表現にとどまるのだ。

あらかじめ言い訳をすれば、この本も手放しの小津礼賛本となってしまう可能性は大なのだが、できる限りそこから抜け出したい。そのために危うい賭けではあるが、「世界の」という評価を一度封印して、もっぱら私たちにとっての『東京物語』が持つローカルな意味について考えてみたい。この映画で「東京」を通して提出された課題を、今も私たちは清算できないでいる。それと向き合うことなしに賛否の判断ができるはずもないし、世界がほめているから偉い、というわけでもないだろう。

＊

この本を書くきっかけとなったのは、『東京物語』という映画の魅力が一九八〇年代当時よりもわかるようになったおかげである。しかも以前よりも鮮明になった六十周年記念のデジタルリマスター版をブルーレイで観たときに、自分なりの疑問が次々と湧いてきたのに、それを解き明かしてくれる論がそれほど見当たらなかった。

もとより数え切れないほどの小津映画論が存在する。『東京物語』に限っても、貴田庄の『小津安二郎と「東京物語」』は、メイキングを丁寧に追いかけている。梶村啓二の『「東京物語」と小津安二郎』はあえて当時を知らない外国人の観点から映画を見直すことを試みている。それに加えて、與那覇《よなは》潤の『帝国の残影』は、小津の中国での戦争体験を浮かび上がらせてくれたし、二百回以上ニューヨークでビデオを見た成果に基づく末延芳晴の『原節子、号泣す』は、紀子三部作のなかでのこの作品の位置づけにひとつの光を与えている。そうした論者たちがときに激しい応酬をしている点に関して、「いつから映画好きは小津をめぐってこんなにヒステリックになったのだろうか」と映画評論家の古賀太は嘆息している（ブログ「そして、人生も映画も続く」）。どうやら小津映画は解釈権をめぐる闘争の場と化しているようだ。

私の頭に浮かんだのは、たとえば次のような疑問であった。女たちの多くは無地のロングスカートを身につけているのだが、美容院で働く長女の志げは、白い上っ張りの下に細かな花柄らしい模様の入ったロングスカートのすそを見せているのはなぜか。長男の妻の文子には団扇であおいだり、浴衣を着ている場面がないのはどうしてなのか。熱海の宿で艶歌師が流行歌を歌う場面で選ばれた曲はどんな働きをしているのか。そもそも眠りを妨げるのが麻雀の騒音だけでなく艶歌師が出てくるのはなぜか。上野広小路の店で旧友たちが飲むとき、画面いっぱいに提灯の文字がアップになる理由は何か。軍艦マーチはいったいどこの場所から流れてくるのか。そのことと、映画の最後に小学校の校舎で唱歌が流れてくる設定はどういうつながりを持つのか。尾道水道をポンポン船が行くショットで、手前の道を人が歩いたりボンネットバスが走るようすが入っているのはどうしてか。なぜ、とみは東京旅行中に懐中時計を使わなかったのか。いちいち挙げればきりがない。

こうした疑問はどれも、義理の娘の紀子を演じた原節子が号泣したり「私猾《ずる》いんです」と告白することに比べると、瑣末な話題かもしれない。だが、この映画の中で泣く女性は三人いて、紀子は手のひらで顔を覆って泣くが、長女の志げはハンカチをあてて、次女の京子はエプロンを顔にあてて泣く。三人の泣き方や状況の違いに注目すべきであって、原節子が美人だからと言って彼女の泣き顔だけを取り出して分析しても限界がある。なぜ三人の女は男の前で泣くのだろう。言い換えると他の女の前ではなぜ泣かないのだろう。それが疑問点となる。原節子の顔に執着するのはファン心理がもたらすフェティシズムかもしれないし、原を見る小津監督の視線と自分の視線とを知らず知らずに重ねてしまった結果だろう。だが、それでは『東京物語』という映画全体を観ているとは必ずしも言えない。映画のなかでの「紀子＝原節子」の配置と、その効果を探るべきなのだ。

先ほど挙げた疑問点についても、「あくまでも設定だから」とか「画面上そうなっている以上自然なものだ」と納得すればよいのかもしれない。だが、初見のときに予断を持たないのは大切だろうが、二度、三度観て何の疑問も湧かないのはいささか不思議である。繰り返し観ても初回と同じ意味しか感じ取れないのでは、BGMか環境ビデオとあまり変わらない（＊5）。ましてや映画作品が、過去の気持ちや感想を思い出す手がかりにとどまるのならば、自分の記憶を確認するノスタルジーの手段となって「現在の意義」を失くしている。だが『東京物語』は回想するために家族旅行を撮影した8ミリ映画やホームビデオではない。すべてが意図的に演出された構築物である。だからこそ私はこうした疑問点を見過ごせなかった。一九五一年の『麦秋』で、撮影時の麦の穂のゆれ具合までも記憶し把握してOKを与えたという逸話からしても、小津映画にいい加減に映り込んだ対象物はないはずだ（浦岡敬一「小津調のリズムを生むコマのつなぎ」）。

長男が経営する平山医院の位置をしめす看板の横に、プロ野球のオールスターゲームの開催案内が掲示されていたように、やろうと思えば隠せたはずなのに隠していない細部がたくさんある。小津映画に目立つネオンサインはいろいろあるが、男たちが集まって飲む小料理屋の背後にさりげなく「さかさくらげ」が出ていることは無視できない。セット撮影なので、ロケの際に偶然キャメラに写ったのではない。大道具に発注してわざわざ作らせたものだ。こうした映画の細部が、観ている私たちの感覚に徐々に働きかけて、イメージや情報が堆積していくのが時間芸術としての映画の醍醐味のはずだ。細部が当時のどういう文脈とつながっているのかも解き明かしたい。

たとえば、熱海に艶歌師が出てくることに関しては、その後、小津が好んで起用した佐田啓二が、スケジュールの都合でこの映画に出演できなかったことを考慮すべきだろう。佐田は一九五二年に西河克己監督の『伊豆の艶歌師』で主演をしているし、小津が否定した木下恵介監督の『日本の悲劇』では、他ならない「熱海の艶歌師」を演じているので、モチーフの共通点もある。しかも佐田は『東京物語』の三男の役をやらずに、東京の銀座周辺を四五年五月に襲った空襲で物語が始まるラジオドラマ「君の名は」の映画化の主演俳優として全国に知られるようになった。半世紀以上経って今ではすっかり忘れられたこうした時代的な文脈をたどると、佐田の不在そのものが『東京物語』に影響したとさえ考えられる。

小津生誕百周年を記念して二〇〇三年に開催された国際シンポジウムで、映画研究者トム・ガニングの「発見することの興奮をもたらす監督」という言葉が蓮實重彦によって紹介された。シンポジウムでは「古い映画、新しい映画という区別をやめる」「あまりにも知られていない映画作家とみなす」「小津監督を日本文化の内部に閉じ込めない」という注意が喚起されていた。これを肝に銘じながらも、どこまでもローカルに『東京物語』について考えようと思う。ローカルに考えることは、決して日本文化の内部に閉じ込めることではないはずだ。

（＊1）『我輩はカモである』のようなスラップスティック・コメディから『めぐり逢い』のようなメロドラマへと転じたマッケリー監督と、『突貫小僧』のようなコメディから『晩春』以下のメロドラマ（といっても独特だが）へと転じた小津との並行関係はもう少し注目してよいと思う。喜劇を内包するメロドラマとしての特徴が共通するからだ。

（＊2）(http://www.kogonada.com/)。他にもブレッソン映画に出てくる手の係り合いだけを集めたものや、キューブリック映画の消失点の偏愛を並べたものなどで、観客をゆさぶる仕掛けが数分で次々と明らかになっていく。KOGONADAとは、小津映画の片腕ともいえる脚本家の野田高梧の名をもじったとみなされているが、ジョナサン・ポリツキーによるインタビューでその点を突っ込まれると「N

ADA」になっているのはどうしてか、と笑ってはぐらかした。だが、「NADA」はヘミングウェイの短編小説「清潔で、とても明るいところ」でも知られるが、スペイン語で「無」を指す。それは鎌倉の円覚寺にある小津安二郎の四角い墓に刻まれた言葉なので、この匿名自体が「野田+小津」となり、小津映画へのオマージュをしめすのは間違いないだろう。

（＊3）『小津安二郎・生きる哀しみ』の中澤千磨夫は「ビデオは映画を書物にした」として、細部の検討ができる時代がきたことを告げている。梶村啓二は『「東京物語」と小津安二郎』でNHKが放映したデジタルリマスター版が作品を見直すきっかけになったと言う。HDDに録画した映像を繰り返し観たのかもしれない。テレビ番組でさえも放送時間内に視聴する時代ではない。しかも、こうしたリマスター版と、廉価版にあるような複製の複製となったせいで不鮮明なフィルムの、どちらが視聴に適しているのかは明白である。『原節子、号泣す』で、末延芳晴はニューヨークで毎晩のように小津作品をビデオで見続けていて、『東京物語』も二百回以上視聴したと告白する。

（＊4）http://plato.stanford.edu/entries/japanese-aesthetics/

（＊5）加藤幹郎は『列車映画史特別講義』のあとがきで、作品のすばらしさは「映画上映にともなう個人の一回かぎりの「動体視力」のみで認知できるとはとうてい思えません」と言い、「より能動的な映画観客になるためには、すぐれた芸術映画ならば複数回視聴することは絶対必要だ」としている。私もまったくの同意見で、その手段のひとつがビデオやDVDである。スクリーンに関する脳内記憶を手元の映像記録で訂正できる時代になったのだ。ただし芸術映画だけに適用するのではなく、ジャンルを問わずに複数回視聴する意義を持つ映画を、すぐれた作品とみなす立場を私はとりたい。

『東京物語』と日本人

目次

装画◎野津あき

『東京物語』と日本人

第一章　尾道から上京する人々

1　東京へと向かう物語

「東京物語」というタイトル

『東京物語』の冒頭で粗いドンゴロス（麻布）が画面いっぱいに広がる。その手前に製作スタッフや配役を告げる文字が次々と姿を見せる。そこに斎藤高順《たかのぶ》が作曲したテーマ曲が流れてくる。晩年の小津映画でおなじみの出だしであり、何本も観ると「ああ、またか」という感想を持ち、いったいどの作品なのか記憶のなかで区別がつかなくなるほどだ。役者も笠智衆に原節子に杉村春子に中村伸郎とか北竜二とか常連ばかりだし、映画のなかでの役名も周吉（周平）や紀子のように何度も使われていると、ますます混乱してしまう。

斎藤は今回の『東京物語』で初めて小津映画に曲を提供したのだが、「老夫婦が世代の違いから取り残されているのに気づきわびしい気持ちになるという全体のテーマを表現した」と後に語っている（CDライナーノーツより）。ホルンとハープの前奏を効かせ、続いてオーケストラの弦楽器群が甘美なメロディを奏でるのだ。小津はトランペットなどが嫌いという楽器編成の趣味を持ち、音楽を入れる箇所もすでに決まっていて作曲家に指定するほどだから、音楽と映像が一体化するのも当然かもしれない。

小津作品はどんな刺激的なタイトルバックなのかを毎回楽しみに待つヒッチコックのような監督の作品とは対極にある。なにしろ文字まで小津自身の手によるので変化に乏しい。カラーになっても同じで、出てくる文字が二色の配置になるくらいの違いしかない作品も多いのだ。結果としてどれも似たようなものだと勘違いされてしまうが、「ひとには同じように見えても、ぼく自身はひとつひとつに新しいものを表現して、新しい興味で作品に取りかかっている」というのが小津自身の言い訳だった。反復に見えるが、それは機械的な反復ではないのだ。

尾道で話が始まり尾道で終わるにもかかわらず、『尾道物語』ではなくて『東京物語』と名づけられている。もちろん、映画全体で尾道の場面は多くない。尾道を扱っているのは、全十四巻のフィルムのうち、第一巻の半分ほどと、第十一巻の先頭近くから最後までなので、全部合わせても四巻強の分量となる。映画全体の三分の一にも満たないし、中心はあくまでも東京なのだから「東京物語」で疑問の余地はなさそうに思える。

けれども、東京への旅行の話ではあるが、未知の人物との出会いが描かれてはいない。

平山周吉ととみの夫婦は「今のうちに子供たちに会うとこう思いましてなァ」という理由で上京するのであって、旅の目的は観光や仕事ではない。映画のなかで関わり合う人物は子供たちとその家族や尾道での古い知り合いばかりである。

デジタル・リマスター版のブルーレイに特典としてついてきた「シナリオ写真集」は、会社が公式に認めている内容のはずだ。その梗概によると、周吉は二十年以上前（つまり戦前）に公用で来たことがあり東京が初めてではないが、とみは初めてという。それにしても、とみは東京についての感想を「ウッカリこんなところではぐれでもしたら、一生探しても会わりゃしゃんしェんよ」と口にするのだが、彼らは迷子にもならず犯罪にも巻き込まれないままで終わる。しかもそれほど特別な東京体験をしたわけではない。せいぜい観光バスに乗って皇居や銀座の松屋デパートを見て歩いたくらいである。非日常的な事件が何も起きない点に、「退屈」という感想が出てくる理由がある。

東京にやって来た「おのぼりさん」が、都会人の一方的に自己主張をする態度に驚くとか、忙しくて相手にされず適当な嘘の情報に振りまわされるといった話はよくある。たとえば増村保造監督の『青空娘』（五七年）では、伊豆の祖母の家で育った「妾の娘」と侮蔑される女が父の家族と住むために上京したときにそうした体験をする。東京駅で青山行きの乗換えを教えてもらうが早口でわからなかったり、恋人との待ち合わせをしている女に適当にあしらわれたり、核兵器をどう考えるかと学生にとっちめられたりする。そのたびにとまどう若尾文子の顔をキャメラは的確にとらえる。田舎と都会のずれを喜劇に仕立て上げるのは、古今東西人気の題材で『青空娘』も例外ではない。もっともその田舎娘が東京人の欺瞞を暴いていくところに増村映画のねらいはあった。

ところが『東京物語』でそうした仕打ちをするのはまったくの他人ではなく身内なのだ。顔見知りではない新たな東京人といえば、周吉が尾道時代の旧友と上野で羽目をはずしたときに出会ったおでん屋の女将や、酔っ払って世話になった警察官くらいのものだろうか。だが、その騒動で迷惑をかけたのは長女の家族に対してで、あくまでも身内の出来事として収まっている。酔っ払って隣の家に間違って入り騒動を起こすといった喜劇的な展開はない。そういう意味で、尾道の人間が東京にやって来ただけの話である。しかも東京の外で暮らしている親が子供の出世のようすを見にやってくるという設定は、小津映画ではすでにおなじみだった。

教科書にもタイトルが登場するほど有名な『大学は出たけれど』（一九二九年）は、不況下で大学を卒業しても職がない男が、見栄を張って仕事についたと故郷に知らせる。大卒にふさわしい仕事がないからと、自分のほうから断ったりもしている。田舎から母親が婚約者を連れてやってきてしまう。就職したふりをして代わりに子供と遊んで暇をつぶすのが実情だった。妻にすっかりばれてしまい、受付係からやりますと頼み込んでようやく就職口を見つけてハッピーエンドとなる。

また『一人息子』(一九三六年)でも、やはり母親が信州から息子を訪ねてくる。亡くなった父親の田畑を売って紡績工場で働いて息子を大学に行かせたのに、期待していた出世をせずに結局、夜学の教師になり妻子持ちになっていた。これからは教育が重要だと生徒を煽って自分も出世の機会を求めて東京に出た小学校の教師は、町の「とんかつ屋」を営んでいた。この映画は、最後に母親が工場の白い外壁を背にしてぼうぜんとなって座り込んで終わるところも含めて『東京物語』と深いつながりを持っている。

このように親の期待と子供の実態のずれを主題とすることは戦前の作品からあり、『東京物語』で新しく登場したわけではない。ただし『東京物語』では、父と母が揃って子供たちのようすを見に来て、「母子」の関係だけではないのが戦前の作品との違いとなる。大学と出世と東京とが結びついているところがひとつの特徴だが、その流れからすると、長男の幸一がどの程度出世したのかが関心の的となる。父親の周吉には長男の実情は軽い失望と諦めしかもたらさなかった。

「東京」がついた映画

こうした親の上京もの以外でも小津映画の舞台の多くは東京であり、里山や農民生活が中心とはならない。『一人息子』には信州の光景が出てくるが、姿を見せるのは近代的な紡績業の工場である。農家から買い集めるために「春繭《はるまゆ》買います」というポスターが見えている。女工たちが並んで熱湯内の繭から糸を取り出して縒っていくのだが、大きな車輪が回転してそれを巻き取っていくリズミカルなようすをキャメラは捉えている。その動きは近代化がもたらした大量生産のメカニズムが地方にまで浸透したことをしめしている。

また『学生ロマンス 若き日』でスキーの場面は出てきたが、都会生活者のレジャーとしてである。小津映画のなかで数少ない地方を舞台にしたのが、たとえば『浮草物語』とそのリメイクの『浮草』である。ドサ回りをする小さな一座の座長の隠れた親子関係が扱われる。これはアメリカ映画の『煩悩』(二八年)という地方巡業をするカーニヴァル一座の話を下敷きにしたせいで、そのまま地方が舞台となったのだ。多くの作品は基本的に東京を中心に話が進んでいく(＊1)。

戦前に城戸四郎所長のもとで確立した松竹映画は、アメリカの翻案物が中心だったせいで、小津もハリウッドの「学生もの」「ギャングもの」「小市民もの」といったジャンルをトレースしていく。『浮草』もそうした例だった。『和製喧嘩友達』のように翻案物であることを露骨に告げる作品もある。また、「ギャング映画」とされる『非常線の女』のように、洋装で銃を持つ田中絹代の姿などは、どこか木に竹を接いだ感がする。もっとも、新劇の「赤毛物」のように日本人が鬘をかぶって外国人に扮装してハムレットを演じるのではなくて、あくまでも日本化の手続きがなされている点が違うのだ。

こうした翻案作品も、明治期に人気を得た黒岩涙香の翻案小説のようだと思えばさほど不思議ではない。デュマの『モンテ・クリスト伯』を翻案した『巌窟王』は、ナポレオンがエルバ島に流されて十ヶ月、と話が始まりながら、「馬耳塞《まるせいゆ》へ巴丸《ともえ》と云ふ帆前船《ほまえ》が入って来た」だの「森江商店の森江氏の持船である」といった調子で固有名を日本に置き換え、主人公のエドモン・ダンテスは団友太郎となる。小津のギャング映画や学生映画もそうした日本化の流れにあるわけだ。

小津映画には「今日は人攫《さら》ひが出さうな日和《ひより》である」と、まさに人を食った字幕で始まる『突貫小僧』のように、誘拐したほうで手に余る子供だったといったナンセンスギャグもある。喜八ものと呼ばれる人情話でも、またサラリーマンものでも、都会派の感覚を日本的にしめそうとする小津にとって、東京が江戸から昭和にかけての中心地であった点は大切である。それは「軽さ」を描き出せる場所でもあるからだ。東京が持つ江戸からの連続について、観光バスのバスガール（ガイド）に「千代田城と呼ばれておりました皇居は、今から約五百年ほど前に、太田道灌が築城致しましたもので」と説明させる。

『東京物語』のようにタイトルに「東京」とついた映画や小説や流行歌はたくさん作られてきた。「トーキョー・ストーリー」は題名がシンプルで、季節の名前よりも印象に残りやすく覚えやすいが、「地名＋物語」のパターンの映画は他にもある。『長崎物語』（一九四七年）は戦争を挟んだ長崎の人々の変転を描き、『伊豆物語』（五一年）は熱海の温泉旅館を舞台にした愛憎劇であり、『大阪物語』（五七年）は溝口健二の急逝により吉村公三郎が完成させたものだが、井原西鶴原作の歴史物で舞台が大阪だった。ふつうは物語の場所をしめすのにとどまるし、「東京の」という表現も同じ効果を与える。

小津映画でタイトルに「東京」を持つ作品は合計五本に及ぶ。順に並べると『東京の合唱《コーラス》』（三一年）、『東京の女』（三三年）、『東京の宿』（三五年）、『東京物語』（五三年）、『東京暮色』（五七年）となる。小津作品にはネガやプリントの消失したものが多いなかで、幸いにも五本すべてが視聴できる（＊2）。

ただし、肝心の『東京物語』のネガは全国公開の前に現像所の火事で焼けてしまった。公開版は、どうやらポルトガル輸出用のポジからネガが新しく作られたようだ（堀家敬嗣《ほりけよしつぐ》「『東京物語』の現在――その以前と以後のあいだの神話性をめぐって――」）。人々からいちばん切望されている映画なのに最良の形で見られないのが悩みの種となってきた。だから二〇一三年に発表されたデジタル・リマスターも当然ながらネガからではなくて、既存のよりよい状態のプリントから再構築したものである。私たちが細部をもっと鮮明に知りたい欲求にかられる点で、今後も『東京物語』は観客や研究者を誘惑し続ける。白黒映画として考えられることをすべてやったとされ、映画解釈に正解を与えてくれるはずのネガに永遠にたどり着けない事実も、この映画がカルト的な人気を持つ秘密だろう。男たちが映画の解釈をめぐって紛糾するのも、この「永遠に手に入らないもの」を征服する欲求をかきたてられるせいなのだ。

とりあえず「東京」がついた小津映画における「東京」の特徴を挙げよう。『東京の合唱《コーラス》』は、失業中のサラリーマンが家族にばれるが、家族の絆を取り戻すという内容だ。『東京の女』はタイピストの姉が夜は飲み屋のバイトをして稼いでいると知った学生の弟が自殺をしてしまうという話である。誘惑と堕落の場所として東京は描かれている。『東京の宿』は失業中の男が、木賃宿で知り合った母娘に同情し、入院費用を稼ぐために泥棒をするという人情話になっている。ここには江戸以来の貧乏な世界として東京は描かれている。『東京暮色』は『エデンの東』を下敷きにしたとされるが、東京はサリナス渓谷ではないし、カインとアベルのような聖書物語に基づいているわけではない。男の兄弟の話を銀行員の姉妹の話に変えている。姉は出戻りになり、恋人の子供を妊娠した妹は自分たちを捨てて出奔した母親を探し当てて、自分がはたして父親の子なのか悩み、鉄道事故で亡くなる。どの東京も暗さを持ち、同時に誘惑や堕落を与える町として扱われている。『東京物語』も他の東京ものと同じ要素が含まれるが、尾道が大きな意味を持っている点が異なる。

2 海が見える家

尾道の平山家の紹介

では東京の対立軸となる尾道は、どのように紹介されているのだろう。平山家を紹介するまでに映画の冒頭で五つのショットが選ばれている。

まず第一のショットは、尾道の住吉神社の高さ五メートルの石灯籠がアップとなり、その後ろでポンポン船が行き交うようすが出てくる。桟橋や船に人がいて、早朝の出勤や通学のようすである。焼玉エンジンのポンポンという効果音のおかげで港町尾道が印象づけられ、物語の出発点が定まる。花火で知られる住吉神社のお祭の話は、とみの葬式のあとでの精進落しの席で回想される。

次の第二ショットで、白壁の材木店の倉庫の前を小学校に向かってランドセルを背負って歩く子供が出てくる。登校前の早朝であることはそこでわかる。彼らは右手奥へと歩いていく。これは『東京物語』に登場する画面を横切る子供たちの最初である。この後、長男の幸一の家がある足立区の土手の上や、上野の両大師橋から周吉ととみが東京を見下ろすときに子供たちが横切っていくのだ。しかも空き瓶が二本並んでいるし、木製の乳母車らしきものが左手にある（「街の神秘と憂鬱」のようなキリコの絵を一瞬連想させる）。小津調とされる画面の構成がなされている。ただし『一人息子』の冒頭で人々が歩く街道とそっくりでもあって、戦前からこうした構図は完成されていた。

そして第三のショットは、高台の上にある寺と、その下の家の屋根の間を蒸気機関車に引かれた貨物列車が通り過ぎていく場面となる。ふつうの貨車以外にも石油を運ぶタンク車などが牽引されていく。ここでは右手にある一本の電柱と真ん中と左手にある煙を吐く煙突が垂直線を作っている。

さらに第四のショットでは、今度は通り過ぎる貨物列車越しに尾道水道が見え、汽笛の音が鳴り響く。第三のショットを反対側から見ていることになる。ここでの中心線は電柱だが、線路を挟んだ二本が使われている。垂直線の偏愛は歌川広重などの浮世絵譲りだろう。高台にある寺は尾道駅の東にある浄土寺である。浄土寺の山門へと続く階段は山陽本線のガードの下をくぐるように伸びているが、線路を上から撮影したものだ。浄土寺は聖徳太子ゆかりの尾道屈指の寺で、足利尊氏が神戸の湊川の戦いの前に必勝祈願をしたところとして知られ、本堂の内陣は国宝に指定されている。ビデオやＤＶＤなどのパッケージに利用されたスチール写真に登場する石灯籠のある寺である。

最後の第五ショットで石灯籠や建物が見え、どうやら主人公の平山一家の家がそばにあると設定されている。家の中のようすはセットで撮影されているので、現実的な位置関係ははっきりとしない。この第五ショットは東側から見ているので朝の光を浴びていて影ができていない。住吉神社の石灯籠と浄土寺の石灯籠はつながりを感じさせるが、もともと浄土寺にあった住吉神社が海の近くに移築されたわけなので、尾道石工による双方の石灯籠の雰囲気が似ているのも不思議ではない。

五つのショットのそれぞれは、シナリオに書かれた「①尾道の風景七月初旬の朝」「②山手の町路地の向こうの表通りを子供たちが小学校へ通ってゆく。線路――」を具体化したものである。「尾道の風景」と指定されていた箇所として、石灯籠越しの尾道の海が選ばれている。実際には向島《むかいしま》との間に広がる尾道水道は海であって運河ではないが、対岸の向島が見えるせいで時には川のようにも見える。ここでの「山手の町」とは尾道の市街地である尾道水道の北側を指している。

平山家の位置が想像できるように五つのショットが積み重ねられ、おもむろに家の中へと舞台が移る。背後に浄土寺の塀や道祖神らしい石仏が見えて、手前に鉢植えの草花が置かれている。そして周吉が時刻表を見ながら「これじゃと大阪六時じゃの」と言い、妻のとみが「そうですか。じゃ敬三も恰度《ちょうど》ひけたころですなァ」と受け、どこかとぼけたような夫婦の会話が続いていくのだ。

尾道でなければならない理由

冒頭の五つのショットは、平山家が海を見下ろせる坂の上にある家だと説明しながら、海へと山が迫る尾道の地形上の特徴を見せてくれる。急峻な坂のある町として知られ、配達の荷物を背中に担いで配るヤマト運輸の宅急便のCMで「坂の町尾道」が有名になった。また尾道で育ち『東京物語』の撮影現場を十五歳で見た大林宣彦監督は、『転校生』（一九八二年）に始まるいわゆる尾道三部作で、御袖天満宮の石段やガウディ・ハウスやタイル小路にある建物などを撮影している。

短い冒頭の風景は平山家の位置を告げ、周囲の環境を理解させ、何よりも周吉ととみがこれから東京へ向かう際に乗る山陽本線を紹介している。だからこそ、画面を左から右へと移動する上りの貨物列車が選ばれているのだし、住宅のある場所も東側から撮影されて朝日を浴びている。意識させない形で「東京」や「日の出」の方角がしめされている。五つの短いショットによって、今回の舞台となる尾道と東京との地理的・社会的な関係さえも浮かび上がってくる。

実景の最後のショットでは、浄土寺が見えている左の隅に小さく尾道水道の姿が覗ける。どうやら冒頭の石灯籠のあるあたりを別の角度から見せていて、計算された構図をとっている。もちろん、そこには浜辺にあっても嫌なものは排除してアップにして見せないという選択が働いている。この人工性をあざとく感じるかどうかが、小津映画を好むか否かを決めるポイントになるだろう。

もっとも、映画の画面に「尾道」をしめす言葉はないのだから、現地の風景を知らない人には古い家並みが残った地方の町、しかも南斜面の海岸線に線路が延びた場所、といった程度の情報しか読み取れない。そうした条件にあてはまる場所は他にもあるし、この映画ではタイトルからして「東京」が連呼されるのに対して、尾道という土地は名称が不明なままで始まっている。列車に乗り込む場面が描かれないので、駅の掲示で場所を知らせる手法はとれない。『晩春』や『麦秋』で「北鎌倉駅」をきちんと表した小津が、ここでは出発の場所をあいまいにしているのだ。

「尾道」の名前がはっきりと声に出されるのは、映画が始まって十五分くらい経って、東京の幸一の家に到着したとみが言う「昨日尾道ウ発って」と列車の旅の速さを驚く中でだった。尾道の雰囲気は、とみを演じた東山千栄子の体形や尾道弁を模した「きんのう」とか「おのみちゅう」と発音されるなかから浮かび上がってくる。こうした場所としての不明瞭さが、映画の早い段階で尾道が具体性を欠いたものとして受け止められて、神秘的な空間のように考えられてしまう。

では、場所はどこでもよかったのだろうかと言えば、やはりそれは違う。尾道が選ばれたのにはそれなりの理由がある。

尾道は中世以来流通の要となってきた。中世には石見銀山とつながる出雲街道と、京へと上る西国街道が交差し、さらに江戸時代には北前船が立ち寄ったことで海産物問屋が繁栄した。瀬戸内汽船の重要な港ともなり、人と物が行き交う場所だった。『東京物語』の撮影に使われた和風の料理屋の竹村家も、まずはハイカラな洋食屋として明治に創業した。大正時代に「銀行浜」と呼ばれた一帯には、コンクリート造りの銀行の建物が広島より先にできたりした。つまり時代の先端を走っていた町でもあった。

同じ広島県内でも、原爆が投下された広島はもちろん、軍港のあった呉や軍需工場や航空隊のあった隣町の福山と異なり、尾道は空襲に遭わなかったので、昔のままの町並みが保存されている。映画の中で、十七、八年前に尾道に住んでいた旧友夫妻に「えゝあんばいにあそこは戦災を逃れましてなァ」と周吉が言うのは、歴史の事実を告げている。この映画の撮影と上映が一九五三年と、敗戦からあまり隔てていない時点だと考えると、観客の中には周吉の「えゝあんばいに」という言葉にさまざまな感慨を持つ人も多かったはずだ。旧友が住んでいた「西御所の辺り」とは山陽本線の尾道駅前を指し、祇園橋などの華やかな地名を今もとどめている。尾道は昔の地域区分からすると、福山とおなじく「備後」に属していて、県庁のある広島は「安芸」であって、そもそも帰属意識も気質もずいぶん異なる。

尾道という場所は、小津が戦時中に後編を読んで感銘を受けた志賀直哉の『暗夜行路』から選ばれたとされる。尾道は謙作が放浪するなかで立ち寄って下宿をした場所である。志賀自身の体験に基づくもので、一二年に住んだ棟割長屋は「志賀直哉旧居」として保存され、小津もロケ撮影中にここを訪れていた。この映画の出だしからすると「尾道の人間が見た東京」の話のはずだが、東京人の謙作が尾道に下宿をした小説がヒントとなったように、「東京の人間が見た尾道」の話へと逆転する可能性を秘めている。そのためか尾道から帰る「東京の人」である紀子のようすが最後にはっきりと描かれていた。

小津が尾道を強く意識したのには、もうひとつ林芙美子が関係するかもしれない。林は尾道で少女時代を過ごしたので、志賀直哉以上に土地との関係が深い。小津の「従軍日記」の三九年四月二十九日に、川端康成などが編纂した『日本小説代表作全集』の第一巻に入っている短編小説の「杜鵑《ほととぎす》」を読んだと記されているが、感想を記してはいない。むしろ、小津との接点は一九五一年に林芙美子の『めし』が成瀬巳喜男監督によって映画化されたことのほうにありそうだ。

『めし』は、林の未完の遺作を川端康成の監修でまとめたもので、上原謙と原節子が倦怠期の夫婦を演じている。紀子三部作の中で『東京物語』の原節子が演じる紀子が二十歳で夫を失い、こうした倦怠期が存在しない「戦争未亡人」として設定されている点からも無視できないはずだ。しかも、成瀬はかつて松竹にいたのだが、城戸四郎所長に「小津は二人要らない」とみなされて外に出て、移った東宝で才能を開花した。だから小津との関係は林芙美子という原作以上に、成瀬が扱った原節子像にある。

その後、成瀬は林芙美子の小説を原作とする映画を六本撮った。水木洋子や田中澄江といった女性脚本家と手を組むことによって、画面だけでなく小津とは異なる方向性をしめしていた。しかも『東京物語』へ応答するように、川端康成原作の『山の音』を翌五四年に発表する。そこでは長男の幸一役だった山村聰が、なんと原節子の義父の役を演じた。配役からしても意図的である。もっとも『麦秋』で笠智衆は長男で原節子の兄の役だった。老け役と壮年役の交換が可能なくらいに、男女を問わずに俳優が持っていた演じる役の幅の広さに驚かされる。そもそも笠が戦前から老け役をして年齢不詳だったせいで、こういう役割の入れ替えができたのだ。『麦秋』は毎日映画コンクールで成瀬の『めし』と日本映画大賞を分け合った。松竹時代の後輩でもある成瀬とは昔から個人的な交流があっただけでなく、「キネマ旬報」のベストテンで上位争いをするライバルでもあった。

尾道での平山家が高台に設定されているせいで、漁師町の雰囲気はそれほど画面に映っていない。それでも隣の家は蛸を干したりして漁師との関わりあいを感じさせ、漁船が停泊しているショットが出てくる。林芙美子の『風琴と魚の町』（一九三一年）は尾道の思い出を中心につづったものだが、その中で「山の朱い寺の塔に灯がとぼった。島の背中から鰯雲が湧いて、私は唄をうたいながら、波止場の方へ歩いた」と書いている。寺の多い町である尾道が描かれ、同時に海に近いことがわかる。

『東京物語』での東京と尾道の際立った違いは、それぞれの海の扱いにある。尾道水道が絶えず見えている尾道に対して、東京は海を避けた場所として描かれている。東京と尾道の対比には「都会対田舎」「競争社会対停滞」「動対静」「生対死」などのさまざまな読み込みがなされる。だが、二つの場所の中間にあたる大阪や熱海も描かれているので、四つの場所の関係が扱われている映画なのだ。

3　ポンポン船と蒸気機関車

ポンポン船がゆく尾道

『東京物語』は、尾道水道をゆく焼玉エンジンの音を立てるポンポン船で始まり、ポンポン船で終わる。こうして港町尾道をしめす船とその動きが映画の外枠を作っている。海で始まり海で終わる映画ともいえる。尾道水道は狭くて、対岸の向島《むかいしま》がすぐそばに迫り、太い川が流れているように見える。海を往来する船のはずなのに、どこか大河を往来するように錯覚してしまう。熱海の海の場面でも沖に初島を望んでいたが、それでも遠くに見えていた。三男の敬三の下宿から見えるのは、洗濯物を干したどこか荒れ果てた家の横に係留された二艘の船である。向こうに大阪城が見えているが、どこかの水路であることがしめされる。

最初のポンポン船の音は蒸気機関車の登場で交替する。最後のポンポン船は、妻の葬式を終えた後でぽつねんとしている周吉に、近所の細君が声をかけ、最後に「お寂しいこってすなァ」と言うと「いやあ……」と返事をして海を眺める場面となる。その視線の先でポンポン船が動いていくようすが象徴的な意味を持つと解釈されてきた。これが「東洋的な無常観」とか「禅」とか「虚無」といった言葉で語られてしまうのにひと役買っている。船には別離のイメージがつきまとうし、小津映画の固定したキャメラの中で消えていくポンポン船は映画の外へまで消えるように見える。

確かに最後の場面で尾道水道を左から右へとポンポン船が移動するようすは印象深い。しかも一隻のポンポン船を追いかけるように、もう一隻が出現し、最後に一隻だけがアップになる。こうした数の選択もどこか思いを残すものと受け止められる。平山家は尾道水道の北岸にあり、周吉はそこから海を見ているわけだから、船が向かう方角は西となる。つまり日没と西方浄土を目指している。エジプトのピラミッドがナイル川の西岸に並んでいるように、東京の西にある尾道は、「静かな死が支配する空間」という解釈が成り立つかもしれないし、ポンポン船はさらに西へと進むので「彼岸」へ向かっているとみなすなら、亡くなったとみを象徴していると、とりあえず説明はつく。

ところが、ポンポン船は死体や死者の魂を運んでいるわけではない。ポンポンと音を立てる焼玉エンジンは十九世紀末の発明で、日本に伝わると中小の工場でも製造可能な単純構造のせいで広く普及した。小型船舶の近代化を推し進めて、手漕ぎや小型帆船からの脱却につながった。日本の沿岸漁業や物流を近代化したのだ。水路を張り巡らした東京深川で育った小津にはなじみ深い音と姿だっただろう。一九六〇年代には姿を消してしまうが、この頃はまだ現役だった。映画の中で尾道水道を行き交うポンポン船は戦後復興の印でもある。

風呂などで遊ぶおもちゃのポンポン（蒸気）船があるせいで、よけいノスタルジックな気分になるのかもしれない。水を入れたブリキのタンクを温めると、管から水流を噴出して動くものだ。音が焼玉エンジンに似ているのでこの名がついた。宮崎駿監督のアニメ『崖の上のポニョ』（二〇〇八年）には、津波に襲われたあとの宗介とポニョを乗せる巨大化したおもちゃのポンポン船が登場した。このアニメの舞台となったのが尾道の隣にある福山市の鞆《とも》の浦《うら》なのは偶然とは思えないつながりを感じさせる。『万葉集』にも地名が出てくる鞆の浦から、江戸時代には北前船の着く尾道水道へと物流の拠点が移った。尾道は天然の良港であり、向島との間の水道は嵐を避けるのにも便利である。おもちゃを連想させるポンポン船の音が現在の私たちのノスタルジーをかき立てたとしても、上映当時は必ずしもそうだったわけではない。

蒸気機関車が東京へ疾走する

冒頭の五つのショットの中でも「焼玉エンジンの音」と「蒸気機関車の音」が対比されている。正確に言えば、焼玉エンジンの音が蒸気機関車の疾走音と交替する。そこからとりあえず感じられるのは、新旧の物流方法の違いなのだ。石灯籠のある住吉神社は海の守り神として信仰されている。外枠としてのポンポン船と蒸気機関車の出てくる順序が異なると、意味合いがずいぶん違ってしまう（＊3）。

もちろん蒸気機関車は周吉ととみを現実の東京へと連れて行く乗り物である。山陽本線を東京方面に左から右へと煙を吐いて疾走する貨物列車が映画では捉えられている。すぐにキャメラが切り替わり、今度は反対の山側から見て右から左へ動く列車として捉えられる。尾道、大阪、熱海、東京の四箇所が舞台となるのも鉄道で行けるところである。熱海は熱海線なので少し外れてはいるのだが、全体が山陽本線と東海道本線の範囲に収まっている。

この映画が他の小津作品同様に列車に対する偏愛を持っているという指摘はヴェンダースをはじめとして何度もなされてきた。もっとも『東京物語』で列車が画面を左右に横断するのは最初と最後である。

列車映画にこだわる加藤幹郎は、周吉ととみの列車による旅行場面がいっさい出てこないのは、「この映画の小さなクライマックスをエンディングのただ一度だけの列車内部シーンにおいて強調せんがため」であると指摘した(『日本映画論1933─2007』)。形見としてもらった懐中時計を紀子が手の中に包み込むようにして東京行きの列車に乗っているのが尾道との別れとなるが、これは周吉との永遠の別れをしめすとみなせる。そうした解釈を誘うのも列車で映画の物語がひとまず終わったと考えられるせいである。実際にはこの後に周吉がポンポン船を眺めるショットが待っている。

紀子三部作を見ても、『晩春』と『麦秋』では北鎌倉の駅名のアップと疾走する通勤電車が印象的であるのに対して、『東京物語』では尾道の駅名をしめすものがまったくないし、列車に乗り込む場面は確かにない。しかも加藤の指摘に従うと、最初に登場するのが乗客のいない貨物列車で、最後が紀子が乗っている東京行きの列車である理由がよくわかる。

紀子が座っているのは硬そうな木の座席の三等車である。現在の感覚からすると、十五時間の旅はつらかったと思われるが、周吉たちは旅行中に使う「空気枕」の話をしているし、「寝られましたか」と、長男がとみに尋ねるのも、これがふつうの旅だからである。とみが体調を崩したのを三男の敬三が「酔うたんやろ、長いこと汽車に乗ったことあれしまへんでなァ」と説明するように、長距離の旅に慣れていないことがわかる。もっとも、とみの脳溢血は、旅の疲れではなく、太りすぎという以前からの要因があると長男の幸一は結論づけている。それでも映画としては今回の東京行きの列車の旅が引き金になったのは間違いない。

帰りに紀子が乗り込んだ「午後の列車」は、周吉たちが上京に利用したのと同じ列車の可能性が高い（車内のようすは品川の操車場に止まった実際の列車内で撮影された）。当時は一等、二等、三等の客室やサービスの差が今よりも大きかった。一等車には給仕がいてホテル並みのサービスをしていたし、二等車が現在のグリーン車にあたる。指定席ではなかったので、三等車で座席を確保するには並ぶしかなかった。東京駅で普通急行「安芸」に乗るために周吉たちが並んで席を待つのはそのせいだ。戦時中、一時廃止されていた三等寝台車が復活したのは一九五六年であり、五三年当時は座席車だけで運行されていた。

ただし、映画の中で列車の姿がとらえられているのはこの二回だけではない。見逃しがちだが、蒸気機関車が大阪の操車場で汽笛を鳴らしながら去っていく姿が撮影されている。画面の左奥へと去っていく列車と入れ替わりに、三男が出勤してくる。タイミングを計って撮影したわけで、その後の台詞のやりとりからすると、まるで周吉たちを大阪まで運んできて去った列車の姿のようにも思えてくる。

他にも東京の近郊の通勤電車が登場する。幸一の家の裏にある土手の上で、とみが孫の勇に向かって、大人になったら何になるのかを質問するときに、画面奥の鉄橋を通勤電車が通過する。それはまさに都会の郊外の生活をしめしている。将来、勇が職業としてなるものが電車で通勤するサラリーマンだったとしても不思議ではない。また、とみが死去した後には、何も走っていない山陽本線の線路を見下ろすショットも登場する。空っぽを強調する場面と考えられるが、列車の不在がかえって印象を強めるのだ。

小津映画の特性から、こうしたショットや構図に目が向きがちだが、列車の音もあちこちで聞こえる。幸一の家に着いた夜、寝る前に、周吉がとみに「ここは東京のどのへんでしょァ」と質問されて「端の方よ」と答え、長男がもっと繁華街へと出たいのだけど願いがかなわないと説明する。場末の小さな医院の医師にとどまっている息子へのいろいろな思いを二人が噛みしめているときに列車が遠くを通過する音が聞こえる。ノスタルジックというよりは彼らを少しいらだたせるような速さで過ぎていく。周吉たちが交わすどこかのんびりした会話と、背後でずっと鳴っている祭囃子の篠笛と鳴り物の音に強引に列車の音が入り込むのだ。また周吉たちが上野公園を後にして、それに続く両大師橋の上から東京のようすを眺めるときにも、列車の通過音がする。このように音としても列車が満ちている。

映画が総合芸術であり、トーキー以降には音声も重要な役目をはたす。この映画に独自性をもたらしたのは、こうした聴覚的な要素ではないか。小津は『東京物語』の中で音楽を抑え気味に使うし、無音の場面もある。だが、日常の音をまったくカットしてしまえばサイレント映画とおなじになってしまう。列車の通過する音など、録音されたものを挿入したわけだが、それだけに映画の観客に臨場感を与える。列車がこれだけ登場するのも、日常生活に密着している鉄道網こそが明治維新以降に全国に張り巡らされた近代化のシステムの代表だからである。映画の中で疾走する蒸気機関車は、二十一世紀にはノスタルジーの対象でしかないが、このときはポンポン船とおなじく現役だった。

車と飛行機

ポンポン船と蒸気機関車は近代化を推し進める上で不可欠となった海と陸の交通手段をしめしている。新旧が交替しているわけではなくて相補的なのだ。それに、この映画における交通手段はそれだけではない。戦後のモータリゼーションの波が起こる直前にあることを『東京物語』は察知している。それが東京と熱海や大阪や尾道との関係、つまり東京と田舎や地方都市との関係を大きく変化させることにもなる。

紀子が東京で周吉たちを観光バスに乗せたり、彼女が車のタイヤを扱う商事会社に勤めているのは決して偶然ではない。それは将来へとつながる有望な業種でもあった。だが同時に石油という輸入に頼らざるを得ないエネルギー源によって車は動くのだ。かつて日本は石油への渇望から南方へと戦線を拡大した。石油の代替エネルギーとして木炭を使ったトラックやバスといった木炭自動車が日中戦争後に広まった。ところが、海外からの石油の輸入が再びできるようになって、車が第三の手段として発達していく。

鉄道が毎回どこかに登場するので鉄道好きとされる小津だが、『和製喧嘩友達』（一九二九年）では恋のさやあてをするトラックの運転手と助手が出てきた。彼らは長屋に同居する住人だが、モダンな生活にあこがれ、鶏を飼っていてその卵で目玉焼きを作る。目玉焼きをナイフとフォークで食べるときに、油差しで醤油をかけるといったギャグが描かれていた。二人は何でも分け合うはずなのに、「宿無し」の女を助けたことで仲たがいするが、彼女は共同の井戸を使う同じ長屋に住むハンサムな男に惚れていた、というのが結末である。トラックによる物流にたずさわっている人物たちが時代の先端にいるという錯覚を覚えさせてくれる。

『東京物語』の冒頭の貨物列車が画面を左右に疾走するショットにおいて、貨車の間に石油輸送のタンク車が何両も映っているように、石油は燃料としても原料としても日常化しつつあった。石油化学コンビナートが本格的に造成されるのは五六年になるが、瀬戸内でも岩国、倉敷(水島)、徳山(周南)、新居浜と造られていった。その物流の要となるのは輸入のための船であり、尾道水道は狭いので巨大なタンカーが入り込むことはできない。つまり北前船などにとって風や高波を避けることができて有利だったかつての天然の良港は、新しい時代の展開にとって今度は制約や障害となるのだ。さらに現在の尾道は本州と四国を結ぶ西瀬戸自動車道、通称「しまなみ海道」によって今治と結ばれている。かつては渡し船でしか通えなかった因島などへ自動車で通えるようになった。

陸と海の交通の話があれば、空の扱いはどうなっているのかが気になってくる。当時、尾道から東京へ空路を利用して行く選択肢は地方の退職者の経済状態ではありえなかった。日本航空が羽田と伊丹を結ぶ国内線を飛ばし始めるのは一九五一年だったが、その「もく星号」が五二年に墜落して空の旅の不安が高まっていた。同じ年に小津は『お茶漬の味』で主人公がウルグアイへ行くという設定をするのだが、その飛行機はエンジントラブルで戻ってきてしまう(＊4)。

『東京物語』には空への具体的な言及はなくても、小さな雲が浮かんだ空を映したショットがある。それは情景というよりも鎮魂の意味合いが強い。その次のショットは下町の工場の煙突であり、シナリオには「戦災を受けて復興した町である」と記載されている。もちろん日本軍は戦地において破壊や殺害をし戦争被害を与えたわけだが、いわゆる銃後にあった現在の日本領土における被害は、激しい地上戦が行われた沖縄を除いては、「戦災＝空襲による被害」なのである。人口五万人以上の町はすべて攻撃されたと言ってもよいし、アメリカ軍は作成した空襲計画表に基づいてシステマティックに空襲を実施していた。

そう考えると『東京物語』は根底に空襲の記憶を隠している。銀座にも、空襲に遭っても生き延びたコンクリートの建物があるし、紀子のアパートはどうやら戦災を受けなかった場所である。だが幸一や志げの住まいは戦後復興した場所である。そして対照的に、尾道のように町全体が空襲に遭わなかったせいで古い建物が残っている。周吉たちと戦争体験とのつながりが浮かび上がるのは東京に行ってからなので、空襲を含めた要素の検討は別の章で行いたい。

とりあえずここで確認すべきなのは、『東京物語』のなかにはポンポン船、鉄道列車、車の、三種類の動くものが共存してはいるが、それぞれの勢力はゆっくりと交代している。東京と尾道の物理的な距離の差を埋めるように物流が発達していく。その点を考慮すると、人間の世代交代や継承だけが、この映画の中でうごめいているわけではない。この映画を通じて見えてくる「東京」という空間が、激しい人や物の流通に支えられているのだ。

4　尾道の家族

平山一族

海辺にではなくて、文字どおり山の手にある「平山」家は中流階級である。周吉は尾道に別荘庭園を残した橋本家のような豪商の末裔ではなく、市役所勤めをしていた地方役人にすぎない。しかも、戦争を挟んで、子供を長男を頭に医者やサラリーマンや美容師にしたり東京暮らしをさせるまでには、それなりの経済的な苦労もあったはずだ。もちろん、フィクションなのでそうした家庭史で欠落している部分をいくら想像力で補ったところで完全に埋めることはできない。ただ、観客が納得するだけの断片的な情報が与えられていて、その選択もかなり意図的である。

家屋としての平山家の位置はしめされているが、映画の中の平山一族は東京、大阪、尾道に分散しているので少々わかりにくい。現在の少子家庭では理解がむずかしいが、五人兄弟姉妹となると、四十七歳の長男の幸一と二十三歳の次女の京子とでは、親子ほど年齢が離れている。さらに幸一の長男の実が十四歳なのだから、京子とは十歳も違わない。もちろん当時としては珍しい家族構成ではない。ときには叔父や叔母と甥や姪の年齢が逆転することさえあった。全員を一覧にすると次のような感じになる。

平山周吉　七十歳　元市役所勤務
とみ　六十七歳
平山幸一　四十七歳　平山医院の医者
文子　三十九歳
実　十四歳
勇　六歳
金子（平山）志げ　四十四歳　うらら美容院
庫造　四十九歳
平山昌二　八年前に戦死
平山紀子　二十八歳　米山商事勤務
平山敬三　二十七歳　国鉄職員

平山京子　　二十三歳　小学校教諭

この家族構成は、五人兄弟姉妹だった小津家が下敷きになっているると説明するのがいちばんわかりやすい。ただし、小津家では、長兄、安二郎、長女、次女、三男の順だった。体験や身内の出来事を題材に加工するのは創作の基本だろうが、母親と兄嫁の対立などの実際の出来事と作品との対応をもとめても作品解釈にはあまり役立たない。せいぜいモデルとのずれを議論するのにとどまってしまう。

むしろ紀子三部作の中で『晩春』『麦秋』『東京物語』と進むにつれて、家族の人数が増えていったことが重要となる。しかも前の設定が形を変えて流用されていく。これこそが小津映画がいつも同じことの繰り返しではないかと思われている理由なのだが、人数を増やしながら、扱う物語の要素を加えているのだ。

『晩春』ではインスピレーションとなった広津和郎の小説が描いた曾宮周吉と紀子の父と娘の関係だけだった。『麦秋』では間宮周吉と志げの間には三人の子供がいて、長男康一は医者をやっている。康一、史子、実、勇の四人家族で、音だけたどると『東京物語』の幸一と同じである。こちらの康一は大学の研究室につとめていて、「町医者」とは異なるのだが、最後は地元での開業を目指している。亡くなった次男は「省二」である。まさに省かれしまっているのだ。

『東京物語』の次男の平山昌二が戦死した八年前とは一九四五年になるわけだが、とりあえず機械的に全員の年齢を引き算してみよう。周吉が六十二歳、とみが五十九歳、幸一が三十九歳、志げが三十六歳、紀子が二十歳、敬三が十九歳、京子が十五歳となる。つまり戦争が終わったときに、平山家には幼い子供はいなかったし、幸一のところにはすでに長男の六歳の実がいて、周吉は「おじいちゃん」になっていたのだ。

この『東京物語』では、登場人物の年齢や職業構成などのバランスがとれていると梶村啓二は指摘する（『「東京物語」と小津安二郎』）。だが、よく見るとかなり偏っている。平山一族を東京組とそれ以外とに分けているのは、彼らの職業である。自営業やサラリーマンという民間企業と、国鉄職員や教師や役人といった公務員の違いである。それが東京を競争社会として性格づけるのに役立っている。もしも、この職業構成が逆だったらどうだろう。幸一が中央官庁の役人の一人だったら、彼の態度はかなり違ったものとなったはずだ。日曜に両親を都内見物に案内するのは平気だろうし、大企業のサラリーマンでもほぼ同じ対応ができただろう。小さな会社に勤めている紀子でさえも、上司や同僚に助けられて休みを取っているではないか。バランスではなくて対比を作るためにそれぞれの職業設定がよく考えられている。

周吉と、とみの夫婦

笠智衆は、『晩春』では大学教授の父親役、『麦秋』では研究医役、そして『東京物語』では退職した地方役人をやっている。小津映画でこうした大学教授と医者はすでに『結婚学入門』（一九三一年）に出てくる。高学歴の中流階級を戦前の小津が描かなかったわけではない。医者や教授は、セットを作るとき自宅の本棚に本を並べておくだけでもっともらしく設定できるので、余計な経費もかからずに便利だと、小津自身が思っていた節がある。

冒頭から周吉が時刻表を確認する以外にも、『東京物語』には「正確な時刻に基づく運行」という近代化の波が隅々まで入り込んでいる。三男の敬三が母親の死に目に会えなかったのを嘆くときに「八時四十分の鹿児島行きなら間に合うたんや」と時刻を持ち出す。一本の列車に乗り遅れたせいで、運命が分かれていくのだが、同時に列車は個人の思惑を超えて進行する冷酷な時間をはっきりと視覚化している。

しかも市役所に勤めていた地方役人の周吉に、時刻表という小道具はぴったりと合うのだ。国鉄は巨大官僚組織なので、基本的に年度ごとに運行計画を決めて、それに従って列車を走らせている。年度ごとに予算を執行していく役所と共通する。鉄道ファンが時刻表のようなデータ上の数値を偏愛するのは、そこに秩序を見るせいである。しかもレールの外にはずれてしまうことは「脱線」であり、あくまでも線路内ですべてが運営されているのだ。秩序感を与えるものとして時刻表に従う運行がふさわしい。

周吉ととみはいっしょに行動しているので、「老夫婦」と一括されがちだ。だが、夫唱婦随とは言いかねる。周吉は亡くなったあとで、とみのことを「気のきかんやつでした」とまとめるが、観客には二人の間のずれが見えている。それは映画の冒頭の空気枕のエピソードで始まるのだ。つまり、周吉は旅行に持っていく空気枕をとみのカバンに入れるように指示したと思い込んでいたが、実際には周吉のカバンに入っていた。二人の立場や考えのずれが見えてくる。

隣の主婦があいさつに入ってきたせいで言い争いは一時的に中断する。二人とも愛想笑いをして社交的に対応する。「本当にお幸せですな」と主婦に言われると、周吉は「いやあ」と否定するのだが、この時点ではまんざらでもない。そして、主婦が消えると一方的にとみを叱り続けていたのだが、空気枕は周吉のカバンから発見される。そのときに弁解するのでもなく謝罪するのでもなく終わるのが、彼らの日常を想像させる。ところが、映画の後半ではとみのほうが日傘や洗面道具を置き忘れそうになるエピソードへと転換する。

「宿無し」になって、二人がそれぞれ別れて行動するときに、さらに周吉ととみの違いが露になる。これほどの騒動になった空気枕を使用する場面は映画内にはないのだが、山田洋次監督の『家族』(一九七〇年)で、笠智衆がピンク色の空気枕を座席と頭の間に挟んで使う場面が出てくるのがひとつの返答だろう。

周吉たち二人の間のもうひとつのずれは、周吉の大酒飲みに関してである。長女の志げは「京子が生まれたころから飲まなくなった」と言っているし、周吉は自分でも酒は失敗するのでやめていると弁解していた。ところが東京で飲酒を再開し、服部や沼田といった尾道時代の旧友と再会したことで痛飲し、結果として警察の厄介になって、志げの家に周吉と沼田が連れてこられて迷惑をかけてしまう。美容院の椅子に眠りこける周吉たちの姿が、かつてとみが手を焼いた周吉像を彷彿とさせる。

志げが父親に対して持っているわだかまりの原因が観客の目の前で再現される。とみは男の子が生まれるたびに大酒飲みの性癖が遺伝しないかと心配した、と紀子に告白するが、亡くなった昌二が酒に酔って会社の同僚をアパートに連れ込んできたことがあったと紀子も言う。夫の飲酒は紀子ととみに共通する難題でもあった。周吉はその話を聞かされながら、紀子が隣の部屋に住む家族から調達してきた酒をおいしそうに飲んでいるのだ。

そうしたずれをもちながらも「老夫婦」と一括される印象が強いのは、とみを演じる東山千栄子の、どこかおっとりとした姿形と尾道弁の口調によるところが大きい。小津が体形を意識して配役をしていたのは、スケジュールの関係で三男の敬三の役を佐田啓二が出演できなくなったときに、会社が用意した候補である高橋貞二を拒否したことからもわかる。高橋はアップにすると顔がふっくらとしているのだ。小津はあくまでも図像的な容姿も含めたイメージをもって映画の配役の準備をしている。

平山京子という存在

平山家で周吉ととみと同居している次女の京子は小学校の教師である。冒頭で小学生が登校するショットが出てくるし、最後には学校の外観や校舎の中のようすも出てくる。京子が出歩くと子供たちがあいさつをする。浄土寺周辺にある実際の小学校をもとに撮影されたり、セットで教室内が再現されていた。

京子は出発する両親の見送りに尾道駅まで出かける。今ならありえないようなのんびりとした話で、五時間目の体操の時間に学校を抜け出すのだ。尾道から東京まで行くのが一大事であって、とりわけ妻のとみにとって初めての上京となるのを心配してだろう。京子はてきぱきと弁当作りをしたり、母親の看病のためにせっせと氷を砕く姿が印象的である。

京子は時間に正確に合わせて動き回る職業についている。だから腕時計を見て時間を確認する動作がさまになっている。

彼女が母親の葬式のあとで東京に帰る紀子の列車を教室から見送る場面で、腕時計をさりげなく確認するのが、彼女の時間厳守の性格を物語っている。この見送る場面は小津たちが東京で準備したシナリオでは、丘の上で行われる図画の授業で生徒たちがスケッチをしている前を列車が走り去ることになっていた。だが、尾道にはふさわしい丘が存在しないので、校舎内から京子だけが列車を見送ることになった。それによってかえって京子が紀子と同じように四角い建物の中で働く「サラリーマン」であることが明らかになる。

京子は弁当を作って母親に手渡し、自分のもカバンに仕舞う。そして「魔法瓶にお茶を詰めておいたから」と言って職場である小学校へと出かけていく。もちろん何気ないエピソードであり、日常の一部と捉えることができる。一九五三年当時はまだ魔法瓶はステンレス製ではなかったが、強化したガラスを使って、大阪を拠点とするタイガー魔法瓶と象印魔法瓶という私たちになじみのある会社の競争が激化していた時代だった。テレビCMの第一号が精工舎が提供した時報だとされる。それはさまざまなものが高級品から日用品へと変化していく時代をしめしていた。『宗方姉妹』でも、寺を回る姉のお供をしている妹が魔法瓶を取り出して飲んでいた。

弁当やお茶を持参するのは、駅弁を買ったりするのと比べてつつましく思えるかもしれない。そこにはひとつの事情が隠れている。戦争中に作られた食糧管理制度がまだ生きていて、戦後はＧＨＱによって一九五四年まで米や麦の政府への「供出」が行われていた。民主化と自由市場とが、まだ戦時体制によって制限されていたのである。もちろん実際にはお金を出せば購入できたので、米の配給制度や米穀通帳は有名無実化してはいたが、旅行時に米を持参したり外食券が必要だった時代の記憶が残っている。登場人物たちが長距離の旅を困難に思う原因は、列車の長旅だけではなかった。三等車で旅行をするならば、食料や飲み物の確保も考えるべきなのだ。

京子が出勤のために出ていく平山家の玄関のたたずまいは印象的である。格子戸を開けると、そこは山側の斜面なのか、白と黒の石積みが広がっている。玄関の向こうには眺望がまったく開けず、視界をさえぎる。この圧迫感は平山家の人々に壁としてふさがっているものをしめす。直進できずに左右に移動するしかない。この玄関の光景こそが、毎日平山家にのしかかっている重石であり、次男の死とともに迫ってきているのだ。

二十三歳である次女の京子が戦後の世代を代表しているのは間違いない。年齢的な近さもあり、東京で一人暮らしをしている紀子に対して共感を持っている。だから、兄や姉が葬式のあとですぐ帰ってしまったり、形見分けの話をすることへの不満を直接述べる。紀子は朝出かける京子に弁当を作って手渡すのだが、冒頭の京子の作業を反復している。京子が自分の日常の役目から逃れてほっとする場面でもある。葬式のあとの竹村家の精進落しでも、ご飯をよそうのは京子の役目であって、誰もそのことを疑ってはいない。

女性どうしであっても、長女の志げと二十歳以上年が離れていて親子と言ってもよいし、尾道に父親と二人だけ取り残されてしまう京子にとって、絶望感は増すだけだ。母親の墓参りさえも、結局は末っ子の彼女に任せられてしまうのが目に見えている。彼女がこの家を出るには結婚しかないし、近所の小学校の教師をしている限り、尾道の外に出られるはずもない。そのときに東京で自活している紀子が彼女にとって羨望の対象となる。尾道のなかにも「死」ではなくて変化を望む人間がいるのだ。

子供たちと教師像

京子が教師に設定されているのは、周吉が役所で教育課に勤めていたという設定ともつながるのかもしれない。子供たちをうまく演出するのが小津映画の特徴でもある。『突貫小僧』のように大人の手におえない子供が主人公となる作品もある。映画に傾倒した松阪の「不良学生」であった小津は父親の期待に反して大学に合格せずに、小学校の代用教員として一年間を過ごした後で松竹に入社する。

たとえ一年間であっても小学校の教員、しかも消極的な「でもしか」先生ではなくて、子供たちから慕われ「オーヅ会」という同窓会が作られるほどの人気ある教師であったことは、小津の作品での子供の扱いを考える上でのヒントになる。ローマ字を教えたり、映画のストーリーを聞かせるといった刺激的な授業をしていた。小津の一年間の代用教員体験が、その後の映画の中の教師像に影響を与えている。

『東京物語』の下敷きになったとも言える『一人息子』（一九三六年）は東京で出世したはずの息子を訪ねて母親が幻滅する話だった。息子の中学進学を促したのは笠智衆が演じている教師だった。その教師も東京に出てきたのに、出世したどころか「とんかつ屋」になってしまっていた。ここに教育だけでは成功がおぼつかない現実が浮かび上がる。息子は不安定な夜間学校の教師の職にありついているのであって、母親の期待とは大きくくずれていた。

その後、笠智衆が演じる元教師と、佐野周二が演じる息子の教師がわかりあえる『父ありき』（四二年）が作られる。金沢の中学で数学を教えていた父親は、修学旅行で起きた事故の責任をとって教師を辞めて、故郷の信州の村役場で働きながら息子を育てるが、子供の進学のために上京して商社マンの仕事をする。そして東北帝大を出て教師となった息子の結婚が決まることを知り死を迎える。ここに理想の教師像を提出していることがわかる。
このように小津映画の戦前の教師は男だったのだが、『東京物語』では女性の教師になっている。もちろん京子の教師像がどのようなものかは映画内で追求されてはいないし、彼女が主人公というわけではない。だが、今井正監督の『青い山脈』(一九四九年)で原節子が演じた戦後の民主化を求める教師像とも、木下恵介監督の『二十四の瞳』(五四年)で高峰秀子が演じた戦中の抵抗する教師像とも異なる。京子の唯一の抵抗(?)は、授業を抜け出して両親を見送ったり、授業中に生徒たちに問題を解かせながら、教室の窓から列車の運行を見送ることだった。しかも腕時計の中の時間が、走行する列車も教室にいる彼女も支配している。そして、母親の死のあとで、一人になった父の面倒を見る末っ子の運命もしめされている。

小津映画における子供の扱いは、戦前のいたずら好きの『突貫小僧』などに始まり、テレビを買ってくれない親へのストライキを描く『お早よう』で頂点に達する。そうした映画ほど子供像は先鋭的ではないが、『東京物語』には長男の幸一の子供である実と勇が登場する。実は祖父母を宿泊させるために自分の部屋をとられて、学習机が廊下に出されたことに関して母親に抗議する。だが、孫世代の子供たちの発言や役割は、紀子三部作の『麦秋』ほど大きくはない。実と勇の二人は東京を離れないので、尾道にいる叔母の京子とは顔を合わせない。しかも幸一の家を訪問する紀子とさえも口をきく機会がない。紀子は文子といっしょに洗い物などをしているし、勇は祖母の膝枕で寝てしまい、実は一人で試験勉強をするのだ。

とみの葬式の場面では、義理の関係である紀子を含めて兄弟姉妹五人が揃うが、東京と尾道の間が遠いこともあって、長男の嫁である文子や子供たち、長女の夫は来ていない。『東京物語』での親と子の関係は、尾道に存在していた平山家が解体したあとで、もういちど「一族再会」をする点にある。「孫が可愛い」と世間では言うが、「やはり自分の子供がいちばん」と周吉もとみも言う。だが、かつて尾道にあった家族は分裂してなくなっていく運命にある。

（1）『煩悩』はジョン・ケニョン・ニコルソンの舞台劇に基づいている。この同じ原作からトーキー時代になって、クララ・ボウが出た『フープラ』（三三年）が作られた。ボウは『イット』『曲線悩まし』『ミス・ダイナマイト』と性的魅力を押し出したセクシー女優である。小津の『非常線の女』の元ネタのひとつが、よく言われるように『暗黒街の女』（二八年）だとすると、主演のクララ・ボウにあたるのが田中絹代ということになる。ただしフィルムが失われた作品で、銃を持ったボウのポスターだけが有名である。

（2）「東京」のタイトルがついたのは五本だけだが、『大学よいとこ』（三六年）は『東京よいとこ』となったかもしれない。その場合には就職できなかった大学生たちの生活を扱ったいちばん皮肉めいた「東京」の使い方になっただろう。だが残念なことに『大学よいとこ』はネガもプリントも消失しており、スチール写真やあらすじや当時の批評が残っているだけで確定的なことはあまり言えない。

（3）『原節子、号泣す』のなかで、末延芳晴は『東京物語』を二項対立によって小気味よく読み解いていく。ただし、ポンポン船と蒸気機関車の運動の向きを反対方向をしめすものとして分析するが、登場の順番にまでは触れていないし、尾道を「日本の農耕文化に根差した固有の、自然的、伝統的、かつ古典的空間と時間がまだ生き残っていた地方の共同体」とみなすのには賛成しかねる。尾道は物流で栄えてきた点が重要である。小津の生まれた深川も江戸の物流の拠点だったし、海産物問屋の家に生まれた小津にとって、尾道は「農耕文化」という範疇に回収できない、もっと開けた流動的な場所として映ったはずだ。

（4）こうした外国行きを拒否する展開を持つせいで、『お茶漬の味』（一九五二年）のタイトルは夫婦の育ちの違いという階級的なものだけでなく、ナショナルなものをしめす代表とみなせる。SF作家の小松左京が六二年に「お茶漬の味」という作品で第二回SFコンテストに入賞した。地球に帰ってきた主人公が、自動化された機械化社会においていちばん排除されているのが人間であることを知る。そして山間に隠れて生活しながら失われたお茶漬けを食べるために、稲や茶の木などを育て始めるのだ。小津映画からひとつの可能性を読み取った作品と言える。

紀子三部作

	父	母	長男	次男	長女	次女	三男
晩春 (1949)	曾宮周吉	×	×	×	紀子	×	×
麦秋 (1951)	間宮周吉	志げ	康一 (史子 実 勇)	省二	紀子	×	×
東京物語 (1953)	平山周吉	とみ	幸一 (文子 実 勇)	昌二 (紀子)	志げ (しげ)	京子	敬三

第二章　東京で待つ人々

1　東京の三家族

一極集中としての首都東京

東京と尾道を両端としてその間を人々が往来する、というのが『東京物語』の基本構造である。その途中に大阪も熱海も置かれている。しかも最終的に尾道に兄弟姉妹が集合するのは「母親の死」によってでしかない。それ以外は「ご無沙汰しております」のひと言で済むほど離れた距離にお互いが住んでいて、最近行き来をしていなかったようすがうかがえる。その配置には東京と尾道が持つ物理的な距離だけでなく、お互いの心理的な距離も考慮されている。

「東京」をタイトルに冠したこの映画が描き出すのが、一極集中の中心としての東京なのは間違いない。東京は尾道のような地方都市から優秀な人材を集め、同時に地方や世界からかき集めた物資やエネルギーを消費し続けることで、首都の機能を維持してきた。小津作品に煙突がたびたび登場し、画面のなかで垂直線を形作ることは、この『東京物語』を観ているだけでもすぐに気づく。しかも単なるオブジェではなく実際に煙を吐いている。

もちろん尾道の民家の煙突も煙を吐いているが、夏なので暖房ではなく煮炊きをするためのものだ。だが、尾道から東京へと周吉ととみが移動してきたことをしめすショットには、東京電力の千住の火力発電所の四本のお化け煙突が使われていた。六本に見えるのは、別のところの二本の煙突が加わるように撮影位置を選んだせいだ。そこは都内に電力を供給するために稼動している。画面の真ん中にくる煙突は勢いよく黒煙を吐いていた。二度目に四本の煙突だけがアップで出てくるときも煙の勢いは止まらない。生活上の煮炊きとは異なり、蒸気機関車の黒煙と同じく産業社会を支える印となっている。(＊1)

また、足立区にある幸一の家の近くの土手で、とみが孫の勇と会話をするときにも、背後で遠くの工場の煙突が煙を吐いている。そして台東区の志げの家の物干し台に上がって手持ち無沙汰の周吉が涼んでいるときにも、やはり黒い煙がたなびいている。こうした生産のための工場の煙は尾道ではほとんど見られない。それが尾道の清らかさや象徴性を高めるのに役立っている。

人口が集中しているだけでなく、生産やエネルギー消費の中心地としての東京の姿が浮かび上がる。紀子が義父母を観光バス(はとバス)で都内見物に連れて行く。そして、銀座の松屋デパートの屋上から外階段を降りてくる途中で、幸一や志げの住まいの位置を確認するために東京の風景を見ることになる。都心なので工場の煙突は見あたらないが、代わりにビルが建ち並ぶ。関東大震災を契機に決められた建物の高さの百フィート（約三十メートル）規制がまだ解除されていなかったので、せいぜい十階建てくらいしかない。

そのおかげで国会議事堂の三角頭も見えるのだが、こうしたビル群が紀子の働く「米山商事」が入るオフィス空間をしめしている。松屋銀座の側面がアップになる。インターナショナル様式の建物の窓ガラスはきちんと四角い枠にはまっていて、江戸時代の町屋の格子模様を連想させるせいなのか、小津映画ではおなじみのショットである。戦前の『大学は出たけれど』にも同じように東京のパノラマを見下ろす場面がある。位置をしめすショットが小津映画では少ないとされるが、十分に場所を理解できるショットを入れることもあるのだ。

周吉たちが、もう一度東京のパノラマを見下ろすのは、熱海から帰ってきて家を追い出され「宿無し」になって上野公園を訪れたときである。周吉は市役所時代の知り合いの服部の許へ、とみは紀子のところへ厄介になるために向かうのだが、その前に周吉は上野駅のそばにかかる両大師橋の、コンクリート塀の欄干の向こうに広がる東京の光景に感嘆する。画面上はシルエットがはっきりとしている地下鉄ビル以外は橋の側壁に遮られてよく見えない。ローアングルで見えない位置から撮影しているわけだが、とみは「ウッカリこんなとこではぐれでもしたら、一生涯探しても会わりゃしゃんしェんよ」と口にして、東京が迷路のような都市であることが強調される。

それにしても「とうとう宿無しになってしもうた」という言葉が、この上野公園に行くショットの前に周吉の口から出るのはかなり意味深である。東京大空襲などで親兄弟を亡くした戦争孤児が、「浮浪児」という別称で蔑まれ、上野の地下道などにいたことは知られている。他ならぬ『長屋紳士録』(一九四七年)のいちばん最後で、京成上野駅近くの西郷隆盛の銅像あたりにたむろする浮浪児を小津自身がドキュメンタリー風に写し取っていた。つまり周吉やとみが歩いた近くに、かつて浮浪児たちがいたのだ。だから周吉の言葉は小津自身による過去への言及でもある。失業した宿無しの女をめぐる三角関係を描いた『出来ごころ』(三三年)をはじめとして、過去の小津映画では「宿無し問題」が描き続けられてきた。

上野は紀子三部作を通じてたえず登場する。『長屋紳士録』の二年後の『晩春』では、上野の都美術館で、紀子が京都から来た父の友人の教授といっしょに「美術団体連合展」を見る場面がある。『麦秋』では、間宮周吉と志げの夫婦が、子供の友人たちが来るからといって鎌倉の家から追い出されるように出かけたのが、上野の東京国立博物館だった。その入り口の前で座り込んで昼食を食べながら、紀子の縁談の話が進むのだ。上野は文化的な香りをもつ場所として扱われるが、それは上野駅の西側の公園がある高台のほうの上野である。そこには大学や美術館や博物館があり、空襲の影響がほとんどなかった。

しかも『東京物語』が作られた一九五三年までには「刈り込み」と呼ばれる取締りで戦争孤児は施設などに収容されて人々の視界に入らなくなりつつあった。政府は戦争孤児を「三千人」と公表したが、厚生省の調査では「十二万人以上」に及ぶ。収容施設などの予算措置を減らすために低めの数字を発表したとされる（「戦争孤児の会」の金田茉莉によるサイト「戦争孤児（日本）」より）。『東京物語』は東京のこうした暗部をほとんど描かないが、まるきり無視しているわけではない。しかも浮浪児が目の前からいなくなっても、「宿無し」となる寄る辺なさは、敗戦国である日本が、国際社会で今後どのような立場に立つのかについて不安を持つ、五三年当時の観客に一定の訴求力を持っていた。確かに占領は終わったかもしれないが、国際連合に加入が許されるのはさらに先の五六年のことだった。

両親の東京への賛嘆と嫌悪にもかかわらず、平山家の兄弟姉妹のうち三人は東京で、そして一人は大阪で暮らすようになった。地方が東京や大阪といった都会への人材の供給源となっている。『東京物語』は、他の地方から移って来た人間たちが「東京」のなかでもがいているようすを描き、同時にそうした人間たちによって構築されているのが「東京」だと理解させる。夏目漱石の『坊っちゃん』のような江戸っ子の活躍する物語ではない。

観光バスのバスガールは皇居を背景に「大東京の歴史を紐解きましょう」と案内をする。「大東京」とか「大江戸」と自称する、どこか自己中心的な態度が現れている。それは今始まったことではなくて、東京はまさに太田道灌の昔から五百年以上にわたって世俗の権力を維持するために人材とエネルギーを外から取り込んできた。江戸城が宮城となったように、江戸と明治の連続性を保つために天皇家まで京都から移してきた。私たちはバスガールの声によって、この映画が抱え込んでいる歴史を紐解くようにうながされるのだ。

今回は、東京のなかでも台東区が話の中心となる。志げの「うらら美容院」があるのも吾妻橋寄りと浅草近くに設定されているし、幸一の病院兼自宅も、浅草から延びる東武伊勢崎線の沿線にある足立区の堀切が最寄り駅として映っている。松竹と吉本興業にとって中心地となったのは浅草だった。関東大震災後の一九二七年に上野から浅草へ都内で最初の地下鉄が開通したように、そこは収益を見込める繁華街だった。なかでも「六区」が戦前の庶民向けのモダンな文化の中心となり、川端康成や永井荷風から、浅草オペラで活躍する「神武以来の不良少年」であるサトウ・ハチローまで、さまざまな才能を集める場所となった（＊2）。周吉たちの子供と、その家族からなる平山一族の中心は、尾道から東京へと移動してしまった。それは「大東京」を成立させるために地方から人材を集めるようすを体現しているのだ。

上野や浅草のある「台東区」という現在の地名は、戦後になって下谷区と浅草区が合併してできた。戦災による人口減もあって浅草はもはや単独の区として成立しなくなった。だが新しくできた区だったせいで、「たいとうく」という読み方が定着せず、周吉も「だいとうく」と発音しているし、小津もそれでOKを出している。周吉がお上りさんなので東京の地名に不案内というだけでなく、東京生まれでもとまどう変化なのだ。大森区と蒲田区が合併して「大田区」になったように、戦前からの連続が途絶えて記号化され、由来や伝承が断たれてしまった。

かつて松竹の撮影所があり、「蒲田行進曲」という撮影所のテーマソングまでできたのに、蒲田は大田区のひとつの地区にすぎなくなった。父親の仕事の関係で宮城県の石巻に生まれたが、二歳から東京で育った志賀直哉は戦後になって「田舎から来た役人」が勝手に地名を変更していることを憤って、土地の者に相談して決めろと提案している(「大田區・文京區」)。ここにも田舎育ちの東京人と東京育ちの東京人の対立が書き込まれている。そうした軋轢や対立は、大人になってから東京にやってきた平山一族にとっても無縁ではない。では東京の、それぞれの平山家にとって、「東京」はどのような場所なのだろうか。

平山幸一の家庭

長男の幸一は東京の下町の足立区に個人医院を構えている。土手の上にある看板には「内科小児科 平山医院」とあるように、外科手術をしないので手術台や入院用のベッドの設備が要らない。診察室にベッドはあるが、あくまでも診察用のものだった。受付はあるが、どうやら看護婦もいないし、注射器を消毒するのもガーゼを畳むのも妻の文子の役目なのだ。映画の中で患者としてくるのは、父親がやってきて高熱を出した子供への往診の依頼と、けがをしたので絆創膏を貼ってもらうために祖母に連れてこられた子供だけである。どうやら夫婦で行っている地域密着型の個人医院である。

ここに描かれているのは、東京に流入してきた者が医療という技術によって一家を成した姿である。ただし周吉が「場末の小まい町医者でさぁ」と嘆く規模である。周吉のように市役所勤めをしていた地方の出身者は、官のほうが民より上という価値観を持つことが多いので、大学に残ったり公立の病院に就職できなかった長男を、ふがいない息子とみなす気持ちが強いのだろう。周吉を演じている笠智衆自身が、紀子三部作の二作目である『麦秋』で大学病院に勤めている長男の康一の役をやっていたせいで皮肉めいた暗合を感じさせる。

幸一の四十七歳という年齢の設定は、監督をしている小津自身の五十歳に近い。否応なしに戦争体験を持っている世代なので、虚構のキャラクターとはいえ、幸一が軍医として従軍した可能性もあるのだが、彼自身の戦争体験をしめす言動はどこにもない。二人の息子のうち長男の実が十四歳の中学生になっているので、逆算すると日本が太平洋戦争を開始するあたりで誕生したことになる。

病院の裏は土手になっていて、いかにも場末とか行き止まりの感じを与える。視線をふさぐように白い洗濯物が物干しいっぱいに広げられる。シナリオの江東区から変更され、実際に撮影されたのは足立区の荒川の土手や千住大橋付近で、東武伊勢崎線の堀切駅のショットが出てくる。幸一の家族は病院と住居を兼ねた家に住んでいるのだが、都心ではない東京の「場末＝郊外」だからこそ、ささやかな庭つきの家を持てたのだ。長女の志げの家が屋根の上に物干し台をしつらえているのは、狭い居住空間しか確保できないせいである。

尾道にある平山家が、尾道水道という海を見渡せるのとは大きな違いがある。その家で育った幸一が眺望をさえぎられた場所に住んでいるのがさらに閉塞感を与える。それでもこの家には庭がある。幸一はどうやら犬でも飼っているのか、「ハハキトク」の電報を受け取ったときには、庭に向かって口笛を吹いて呼んでいた。『生れてはみたけれど』(一九三二年）の主人公一家がエスという犬を庭で飼っていたのを思い出させる。幸一役の山村聡は、『宗方姉妹』では、飲み屋などで猫をたえず抱いている姿が印象的だが、こうして動物と絡ませることで孤独を表現させるのが小津のねらいだった。

山村聡は小津のお気に入りの俳優の一人で、「大船の食堂で山村君が他の仕事で来て、昼食しているのを見て、すぐその気になって『宗方姉妹』にお願いした」と「小津安二郎芸談」で述べている。食べるときの振る舞いや雰囲気で選んだというのがいかにも小津らしい基準だが、山村は抑制の利いた演技をしている。山村は同じ五三年には今井正監督の樋口一葉原作のオムニバス映画『にごりえ』で「にごりえ」の朝之助を演じている。キネマ旬報ベストテンの一位と二位に共通して顔を見せているのだ。

しかも翌五四年には成瀬巳喜男監督の『山の音』では原節子の義父の役だった。こちらは川端康成原作で、『東京物語』以上に露骨に義理の親子の関係を描いている。のちの堀川弘通監督の『娘と私』（一九六二年）では、山村聡が主人公の小説家で、原節子は後妻の役だった。しかも杉村春子が主人公の叔母役で登場する。名優たちが多いせいもあるが、このあたりの年齢を無視した融通無碍《むげ》な配役は頭がくらくらするほどだ。その後、山村は日米合作の『トラ・トラ・トラ』（七〇年）で山本五十六連合艦隊長官を演じたし、何本もの映画で総理大臣を演じる俳優となるのだから、長男の開業医という役に抜擢されたのも不自然ではない。

平山幸一には中学生の実と就学前らしい六歳の勇の二人の息子がいる。彼の妻の文子はこの映画に関する議論でいちばん光が当たりにくい。けれども彼女は旧民法の家父長制度がなくなった戦後における「本家の長男の嫁」という微妙な立場を表している。戦前の『戸田家の兄妹』には小津自身の兄嫁と実母の軋轢が投影されている、と読み解く意見もあるが、『東京物語』に関する限り、そうしたモデル問題は起きない。文子は義母のとみをないがしろにする態度はとっていない。それに文子の山の手風の言葉づかいから、どうやら東京出身に思える。

ここでの文子は、本家と分家の上下関係や戸主権は消えたはずなのに、金銭的負担や扶養の義務だけは相変わらず強く残る立場にいる。上京してきた周吉ととみに、文子は「おサシミでも」と自分なりの提案をするのだが却下され、彼女から見ると義理の妹である志げが、煎餅の容れ物からご馳走の選定、さらには熱海行きまでをてきぱきと決めてしまう。設定年齢では三十九歳の文子が、四十四歳の志げに意見を差し挟む余地はほとんどなかった。かつては年齢と関係なしに立場的に本家の嫁として、志げに多少強く言えたはずなのに、それができないジレンマを抱えながら、文子はその状況を受け入れている。

夫を助ける専業主婦として、文子が掃除から台所仕事までをやっている姿がていねいに描かれ、同時に注射器の消毒から医院で使用する布の洗濯などの看護婦の役目も果たしている。反抗期にある長男の実のへそ曲がりぶりを叱ったり、就寝時に「今お水をお持ちします」といった義理の父母への気配りも忘れていない。文子はいつも洋服姿でエプロンをつけて掃除をし台所に立ち、夫たちのように団扇をあおいで浴衣姿でくつろいだりはしないのだ。この映画の中で団扇で自分をあおげるのは、尾道と直接結びついた人たちである。紀子や文子そして末娘の京子は他人をあおぐためにしか使わない。

周吉たちの義理の娘というのならば、文子は紀子と同じ立場のはずだが、周吉やとみも観客も批評家たちも、彼女に注意を払わない。志げや紀子が文子に挨拶をしたり、言葉を投げかける場面は描かれるが、全体として幸一の付属物くらいの扱いなのだ。この映画の中で三世代の連続をしめすのは幸一の家族しかないのに、そこでの継承は問題となっていない。挙句の果てに周吉は「よう昔から、子供より孫の方が可愛い云うけえど、お前、どうじゃった?」と訊き、とみは「お父さんは?」と返答し、「やっぱり子供の方がえゝのう」と本音を吐き、とみもそれに同意する。では、孫のいる幸一一家と、その妻である文子の立場はどうなるのか。そこに文子の側の不満が生じる。

幸一の一家にとって東京が中心で、実たちにとっても尾道はあくまでも父方のふるさとでしかない。その確認こそが、周吉たちの旅の最大の収穫とも言える。東京に周吉たちの居場所がないだけでなく、幸一たちにとっても尾道は生活する場所ではないのだ。この距離が周吉と長男との心理的な差となっている。その背後に東京を離れようとしない文子の存在がある。その証拠にか、とみの葬式に文子がいっしょについて行くことはなかった。

金子志げの家庭

二つ目の平山家は長女の志げの家である。結婚して姓が変わったので正確には金子家と呼ぶべきだが、ここでは同列に扱う。志げは文子や母親のとみのような専業主婦ではないし、発言力の強さから見ても、どうやら金子家の経済的な実権を握っている。夫の庫造は忙しそうに出かけるのだが、何の商売をしているのかはよくわからない。ただ「巣鴨の話はもういいんだ」とか「集金があるから」と口にするので、自分で店を持たずに個人でブローカーでもやっているのだろう。周吉たちをもてなす気配りや如才なさに、なんとなく「髪結いの亭主」の雰囲気をたたえている。浅草界隈についても訳知りのようで、「土地っ子」である可能性が高い。ここも幸一とおなじく東京育ちと尾道育ちとが結ばれている。

志げは十九歳の助手のキヨちゃんを使って、うらら美容院を切り盛りしている。場所は浅草に近い墨田区の吾妻橋のあたりに設定されている。だから「浅草まで行ったんで」と夫の庫造が言うのは都電でも使って出かけたことを指す。彼の話に浪曲や講談を専門にやっていた寄席の「金車亭」の名が二度も出てくる。けれども、志げと庫造の金子夫婦が周吉たちを連れて行くと考えた「金車亭」も、今度の休みにでも連れて行くといった「歌舞伎」も口約束であって、どうやら実や勇にとってのデパートの食堂とおなじく、実現することはなかったようだ。

志げのうらら美容院は大通りに面しているわけではなく、都電が横切る通りに面している靴屋の横丁を入ってさらに路地を左に曲がったところにある。向かいは酒屋になっていて酒の看板が出ている。どう見てもうらら美容院は繁盛店ではない。多いときで二人しか客がいないし、順番を待つ客もいないのだ。そのせいか、志げの金銭感覚にもけち臭さが目につく。長男の妻である文子が「おサシミ」もご馳走に加えるかと気を回したのに対して、「スキヤキだけでいい」と最終的に決定したのは志げだった。その文子に「へんなの持ってきちゃった」と言い訳をして煎餅と佃煮を手土産として渡す。紀子が大きな菓子箱を土産にもってきたのとはちょっと違う。最後に「じゃ兄さん、ご馳走さま」と挨拶をして帰るのだから、どうやらスキヤキの代金は幸一側に支払ってもらったらしい。

また庫造が周吉たちにと買ってきた和菓子をぱくつきながら、「高いんでしょ？　こんなんじゃなくていいのよ」と言うのも印象深い。白餡を庫造が自慢するので池波正太郎も愛したという江戸時代から続く老舗の「蛸松月《たこしょうげつ》」の最中あたりだろうか。敬三が大阪から持たせたお土産は粟おこしなので、老舗の「あみだ池大黒」かそれとも新興の「戎大黒《えびすだいこく》」あたりかもしれない。志げにすれば、そうしたお菓子が美味なのはわかっているが、両親には近所から買ってきた「わりとおいしい」煎餅で十分というわけなのだ。ここではコストパフォーマンスのよさを告げる「わりと」が鍵となっている。

さらに志げは、どこへも連れて行ってやれないと嘆きながら、母親に着物を縫う仕事をさせている。「えらいものを頼まれてしまいましたなァ」と庫造が同情するが、その間父親は物干しで涼んで東京の暑さをしのいでいた。熱海へと周吉ととみを送り出す相談をするときも志げは「二千円でいいかな、やっぱし三千円はいるわね」と算段をする。こうした実際的な計算面に長けているせいで、商売人として店を構えてまがりなりにも維持できている。ただし「志げも子供の時分はもっと優しい子じゃったじゃにゃァか」という周吉の嘆きもあるので、観客はこうした性格を作り出したのが、東京での体験だったと考えざるをえない。

もっとも、志げの性格が変化したのには、東京という場所のせいだけではなく、時代の影響もあったように思える。志げは四十四歳という設定だが、ドライヤーを使ったパーマネントの技術を覚えたのはどこでだったのだろう。仮に一九〇九年生まれだとすると、一九二九年に二十歳だった。世界大恐慌が起きたころだ。尾道でキヨちゃんのように、どこかの美容院に住み込みの助手をして身につけたのか。東京まで出てきて学校に通ったのだろうか。いずれにせよ現在は店を構えて独り立ちしている。

志げは市役所に勤めているお堅い父親のもとで育ちながら、美容師になろうと決意したくらいだから、雑誌や映画を通じて美的なものや西洋的なものへの憧れを持っていたはずだ。父親に対する心理的な反発の源は、母親を「お酒で苦労させた」体験にあって、最後までしつこく言及されている。皮肉にも、うらら美容院の正面は酒屋で、たくさんの酒の名前がこちらを向いている（小津が大酒飲みであることは隠れもない事実である）。

志げが父親に辛く当たる核には過去の記憶があるのだ。上野で痛飲した周吉が酔って帰ってきて、しかも沼田という連れまでいる。志げは「いやんなっちゃう」と否定しながらも、布団を敷いて寝させる。これは尾道での少女時代の悪夢の再現である。そんな彼女が別のタイプの男を求めたのは当然だろう。亭主の庫造は、お菓子の目利きもできて、おそらく甘い煮豆を好んで食べて満足するので、下戸か少なくとも酒で迷惑をかけない夫である可能性が高い。そうした安全な夫を選んだ理由に、父親への反発が隠れていたわけだ。

父と娘のずれは結婚して東京に出てきたことで、それ以上大きくならずに済んだはずだ。もしも志げが尾道におけるモダンガールだったとすれば、この一家にかつてあった葛藤がうっすらと見えてくる。虚構である映画と現実をわざと混同するなら、一九三九年の『婦人公論』九月号に載った映画女優をモデルにした髪型の提案の記事が参考になる。そこには木暮実千代や轟夕起子などとともに、十九歳の我らが原節子も登場している。原の写真のキャプションには「初夏の気分を盛ったお嬢様向きのアップを工夫してみました」とある（廣澤榮『黒髪と化粧の昭和史』）。まさに原節子に対するイメージを物語っている。こうした記事を見て髪型を注文する客もいただろうし、何よりも「結髪」をする者にとって映画女優などのスターは理想のモデルとなる。ひょっとすると二十歳を過ぎた志げは、映画館で『非常線の女』（三三年）のなかでギャングの情婦を演じた田中絹代のファッションスタイルなどに憧れたかもしれない。

ところが志げが二十代で美容の技術を身につけたとしても、美容師にとって受難の時代がすぐにやって来た。三九年には「パーマネントの禁止」が決まる。「電髪」と名称を変更して業界は抵抗したが、「ぜいたくはやめましょう」から「ぜいたくは敵だ」とスローガンが変化する。電力の使用制限が叫ばれて、パーマネントを抑圧する口実となった。もっとも都会ではパーマネントの技術は生き延びていた。浅草近辺もそうしたモダンな技術を持った者が逃げ込める場所のひとつだった。このような時代の流れは、志げを尾道から東京へと移動させる社会的な圧力になったはずだ。ただし、雑誌や映画でモダンガールにあこがれた志げのような者たちの仕事は、映画製作とおなじく戦争による抑圧と中断があった。それが戦後になって解放されたわけである。時代の気分が「麗らか」になったことから採用した「うらら」が店名になっている。

しかも一九五三年当時は、ロングスカートの流行に合わせて新しい髪形が流行していた。志げが両親を追い出して二階で講習会を開催するエピソードも、競争のなかでそれだけ技術の習得が切実だったせいでもある。客が求める新しいテクニックを身につけないと流行に遅れてしまうので、学習が都会の自営業では必要となる。それが昔かたぎの職人と新しい専門職との大きな違いなのだ。

志げは東京に来て長いのか、言葉づかいが東京の下町風になっている。幸一とともに尾道出身のはずだが、ふだんは尾道弁の言葉づかいをしない。ところが東京でも母親との会話で「そう思うとって」と語尾に訛りが蘇るときがあるし、葬式をした尾道では父親に「体大事にしてもらわんと」とすっかり口調が戻ったりする。それでも自分の意見を述べるときなどは、歯切れのよい東京の下町言葉を話している（この口調の見事な切り替えができたのは、演じた杉村春子が広島育ちの新劇俳優だったせいだ）。文子や紀子の話すのが東京の山手風の上品な言葉づかいなのと比べると、彼女の性格がきつく見えてしまうのは、この下町言葉のせいである。

だが、こうした言葉づかいは、それだけ志げが東京に同化した証となっているし、東京への一極集中のなかで地方の訛りがとれて言葉が標準化していくようすを体現している。志げの腕で稼いでいる金子家の最大の不安は、キヨちゃんという助手はいても、跡継ぎがいない点だろう。志げが幸一の家で、わざわざ甥の実と勇を呼びよせて、「はい、おじいちゃん、おばあちゃん」と、わが子に対してのように周吉ととみを紹介するのは、子供を持ちたいという隠れた願望の表れとなる。ところが、紹介された両親のほうは、孫よりも子供のほうがいいと感想を持つのである。

平山紀子の家庭

第三の平山家は、ひとりで暮らしている平山紀子である。次男の昌二はどうやら東京で妻となる紀子と出会って結婚し、出征して戦死した。それが南方なのか中国戦線なのかは、はっきりとはしめされていない。サラリーマン生活を送っていたことはわかるので、現在紀子が働いている商事会社に勤めていた可能性がある。紀子を演じた原節子は、この映画の焦点のひとつであり、小津が最大限の魅力を引き出したことはよく知られている。しかも言葉づかいのがさつに見える志げが内面では美的な志向を持つモダンガールであり、その願望を体現しているように見える原節子が古風な女性を演じるという対比こそ、小津映画の持つ諧謔味《かいぎゃくみ》なのだ。

紀子が働く「米山商事」はその響きが亡き夫の「平山昌二」を連想させるようにつながりが深い。ブリヂストンのタイヤが画面に出てくるし、壁にはミシュランのタイヤのポスターがあるので、タイヤ関連の商売をしている会社なのだ。ブリヂストンが一九五一年から本格的にタイヤに使用したレーヨンの繊維見本らしきものがあるし、「日東アルミ」という会社名も出てくるので、タイヤなど自動車の素材を扱っている会社だろう。世界地図が壁にかかり、タイプライターの音が鳴り響いている。

紀子が仕事姿でアップになるときに、タイプライターを置いた机に向かって鉛筆で何か書類を書いている。彼女はずっと勤めていて二十八歳の古参の事務員となってしまった。休日出勤もするし、多少の信用があるので休暇も取れる。ひょっとするとブリヂストンが戦前に横浜工場を作り「日本タイヤ」となったころから仕事をしている会社なのかもしれない。戦後、自動車が大衆化して本格的なモータリゼーションが到来する時代なので、紀子が周吉たちを観光バスに誘うのも自然な気がする。会社の規模は小さいので脆弱に見えるが、成長企業となる可能性を持っていたのだ。

もっとも小津が原節子に車関係の事務員をさせたのは、伏水修監督の『東京の女性』(三九年）で、会社のタイピストから自動車のセールスマンへと変貌していく女性を演じたことがあったせいかもしれない。車の修理のために油まみれになって、男たちと対等に働く営業職を選ぶという「新しい女」像が描かれていた。また清水宏監督の『暁の合唱』（一九四一年）では、『お茶漬の味』に主演した木暮実千代がバスの女運転手を目指す女性を演じた。女性たちが男性と対等に働ける状況を切り開くことが、同時に戦争に向かう社会状況を生み出すことにもつながっていく。会社の秘書として働く紀子の姿は『麦秋』にも出てきたが、最後には「寿退社」という結末が待っていて、『東京物語』の紀子のような一種の寄る辺なさはない。

平山紀子と周吉の関係をどう扱うのかが、この『東京物語』の中心主題になるわけだが、彼女は東京で自活する女性として描かれている。紀子の住んでいるアパートがどのあたりにあるのかはいまひとつ不明で、シナリオでは「古びたアパートである」とそっけない。外観などの撮影には横浜の平沼町にあった同潤会アパートが使われた。銀座の松屋デパートの上から紀子が周吉たちにそれぞれの住まいの方角をしめすとき、幸一や志げのほうとはかなり別の方角をしめしていた。東京駅を挟んで南のほうにあるとすれば、山の手（つまりは下町ではない）のお嬢さんという原節子のイメージとも重なる。

撮影に使われた同潤会アパートは、関東大震災後に建設された共同住宅で、しかも横浜空襲を生き延びた建物だった。紀子が戦中からずっと住み続けていたとか、地理的な近さからも鎌倉に遊びに行ったときに昌二の写真を撮影したという説明も納得しやすい（もっとも紀子三部作を貫く鎌倉偏愛のひとつだろうが）。コンクリート造りなので、幸一や志げの家とは違った印象を与える。共同の炊事場が見える廊下には三輪車が放置されていて、戦後世代の子育てを行う場所になっているのだ。

どうやら三人家族らしい隣の家とは、酒などを借りたりする親しい関係を持っているし、「お父さん、お母さんいらしたの」と察してもらえるくらいに、個人的な事情まで話していた。だが、この一家は、このままでは永遠に紀子がたどりつけない家族の姿でもある。その対比のなかで、じっと自分の将来を考えていても不思議ではない。年をとらない写真の昌二に比べて、成長していく赤ん坊である「ミッコちゃん」こそが、紀子に取り残されていくような不安を与える原因なのだ。

東京の平山一族は四人家族の「標準家庭」となっている長男の幸一の一家、長女の志げの夫婦二人だけの一家、そしていわゆる戦争未亡人の紀子だけの単身家族というヴァリエーションを持っている。それが東京における生活のあり方だし、標準化されていない多様性をしめしている。尾道の平山家が解体していくなかで、他の場所で家族が増殖するという当たり前の変化でもあるが、家族像をいろいろしめすことで、観客それぞれの家庭に当てはまる要素を提供して、どれかの立場に感情移入できるように用意しているわけだ。

2　東京と横文字

アーデルラッスとレアクチオン

この映画のなかでの東京は、医師や美容師といった技術で生きる者が、なんとか独り立ちできるチャンスが転がっているだけでなく、紀子のように女性が事務員として一人で暮らしていける場所でもあった。戦前の小津映画でも、タイピストの女性が夜には水商売をやっていたり、蓄音機の販売店の店員がギャングの情婦だったりしたが、女性ひとりでもそれなりに生活できるのだ。尾道では次女の京子のように小学校の教師になるくらいで、「永久就職」としての結婚以外には、女性の職業の選択肢が限られている。

しかも東京はミシュランのタイヤのような外来の情報や物の流入口となっている。そうした外に開く回路は、映画の中の尾道や大阪、もちろん熱海には見当たらない。東京の特徴をしめすのがいわゆる横文字の使い方である。それは店の看板やネオンサインのような視覚的なものだけではない。この映画での東京の住人たちは会話に横文字を使いがちなのだ。近代化の影響もあるだろうし、ハイカラを気取るためでもある。しかも競争社会の中で勝ち抜くためにも、横文字つまりカタカナ語は必要だった。

たとえば幸一は「ハハキトク」の知らせに帰郷した尾道で、いびきをかいて昏睡状態になった母を前にして、診察の担当医師と病状に関して会話をする。そのときに横文字が混ざるのだが、医者の専門用語だから使うだけでなく、患者やその家族に会話の内容を知られないための一種の暗号にもなっていた。戦前の『淑女は何を忘れたか』（一九三七年）では、医者はラテン語を使っていて、もっと観客を煙にまく。ドイツ語のほうがまだ観客の中に理解できる者がいたかもしれない。

尾道の担当の医師が「アーデルラッスして、ブルートドルックは下がったんですが、どうもコーマが取れませんので」と言い、それに対して幸一は「あ、そうですか」と懐中電灯で母親の瞳孔を調べて「レアクチオンが弱いですね」と返答する。多くの観客にとってこの言葉の正確な意味は理解できないだろう。ドイツ語の医療専門用語で「アーデルラッス」は瀉血、「ブルートドルック」は血圧、そして「コーマ」は昏睡のことを指す。また「レアクチオン」は反応のことである。尾道の医師は「（血圧を下げるために）瀉血をしたら下がったんですけど、昏睡状態から覚めません」と告げ、それに対して幸一が懐中電灯の光で確認して「なるほど瞳孔反応が弱いですね」と応じた会話になる。それが別室に父親と長女を呼んで、母親の死が近く夜明けまで命がもつかどうか、と冷静に告げる根拠となっている。

戦前の医学教育がドイツ語中心だったせいでドイツ語が飛び交うが、これによって幸一が専門的知識を持っている人物であることが際立つ。幸一の家の場面で、一階に百科事典や本が並ぶ本棚がちらりと映り、二階にも布で覆った本棚の下からラベルの貼られた専門書の背が覗いている。医学博士号を持ち、東京で開業医になっている幸一は、「末は博士か大臣か」の出世すごろくを上がった成功者と尾道では思われている。だが、父親たちの期待もむなしく、実際は日々の生活に追われている職業人なのだ（＊1）。

戦後の医師をめぐる状況はそれほど楽観的なものではなかった。戦時中に軍医を増員するために、医学部や医学専門学校（医専）が増設され、女性の医師も増えていた。有名な例は漫画家の手塚治虫で、かつては大阪大学医学部卒といった表記だったが、実際には旧制浪速高等学校（後の大阪大学教養部）の受験に失敗し、代わりに合格したのが旧制中学卒でも入学できる大阪帝国大学附属医学専門部だった。これは軍医をすばやく養成するための専門学校で、旧制高校を経由しなくてはならない医学部とは別系統である。戦後の一九五一年には廃止になって、いわば付属の短大か高専のような扱いであった。そもそも大阪大学は後に山崎豊子の『白い巨塔』のモデルとなったように序列に厳しい大学で、手塚のように旧制高校を経ていないグループは医学部の本流ではなかったのである。

戦時中の軍医養成における医師バブルのせいもあって、周吉が「今どき医者の博士はザラじゃ」と嘆く状況になっていた。幸一が町医者以上に出世できないのも、学閥意識が強くて研究室の人脈による差別がある医学界で主流派に属していないのか、ひょっとすると医学部ではなくて医学専門学校卒だったせいなのかもしれない。「もっとにぎやかなところへ出たい」と考える鬱屈を抱えている者として幸一を捉えたときに、彼の落ち着いた態度の陰に隠れている過去を感じる。故郷の尾道に戻って医者をやるという選択肢は考えなかったようで、あくまでも東京の人として暮らしていくつもりらしい。とみの葬式のあとで、「幸一にも診て貰えたし、お母さんも満足じゃ」という安堵の言葉を周吉が吐いたことで、ようやく幸一が博士号を持つ医師であったことが報われるのだ。

平山医院は本来、日曜日は休診なのだが、幸一が発熱した子供の往診に出かけたように、脳溢血で倒れたとみの許にやってきた医師も、町医者として精いっぱいの診察と治療をしたのだ。前年の一九五二年に渋谷実監督が井伏鱒二の小説に基づいて映画化した『本日休診』が、玄関に休診札をかけたのに次々と厄介な患者がやってくる町医者の悲哀を描いていた。ただし、この作品について小津は日記に「凡作」と感想を述べている。

一九五五年頃には国民の三分の一が健康保険に入っていなかったし、国民皆保険制度が確立するのは六一年と、もっと先の話だった。ということは治療費をもらいそこねる状況もあり、医者が患者を吟味しなくてはならないのだ。小津映画の医者は黒澤明の『酔いどれ天使』や『静かなる決闘』に出てくるような、どこか「医は仁術」的で英雄的な医者像とは異なる。松竹大船を代表する『愛染かつら』(三八年)では、病院長の息子と、子供を抱えた未亡人の看護婦とのすれ違いの恋愛を扱っていた。この脚本を担当したのが他ならない小津の右腕となった野田高梧だった。医者は中流階級の代表格だったのに、戦後はどういうわけか安値になっている。その理由のひとつが、じつは戦争だった。

同じ町医者としての職業上の共感が二人の医師が交わすドイツ語まじりの会話のなかにある。「午前三時十五分」と、とみの臨終を宣言し死亡診断書に署名をしたのがこの町医者だったとすると、自分の職業と商売のために家庭を犠牲にした可能性が高い。ひょっとすると、仕事を優先して遊びに行く約束を果たしてくれない父親に長男の実が怒ったように、彼の家族内にもぎくしゃくとした関係があるのかもしれない。こうした想像を広げる余地を持つように『東京物語』内のエピソードはうまく配置されている。

ネープラインがお綺麗で

幸一が医師として横文字を並べるのが専門教育を受けた証拠だったように、美容院を経営する志げも、自分の職業の専門性をしめすために横文字を使うのだ。ふだんは着物や浴衣といった和装が多いし、母親の形見分けでも、妹の京子に「お母さんの夏帯あったわね？　ネズミのさ」とか「それからね、こまかい絣《かすり》の上衣」と和服を指定していた。母親のとみが洋服をもっているはずもない。志げは「またお母さん体が大きくなったんじゃない」と言っていたのだが、和服だから帯や紐で自分の体型に合わせることもできるし、仕立て直しも可能である。志げは普段から着ているので和服がしっくりと合うのだ。演じた杉村春子は広島の置屋で芸者衆を見て育ったので、着物の着付けにはうるさかったのだという（中丸美繪『杉村春子　女優として、女として』）。

けれども、おなじ志げが、自分の店のうらら美容院では白い上っ張りを着た洋服姿になってきぱきと働いている。志げにとって上っ張りは職業上のユニフォームである。その下のスカートの花柄模様が裾から見えるのは、すでに述べたように尾道時代からモダンガールだった過去の残像だろう。しかもロングスカートがこの年の流行なのだ。

奥さん風の女性の髪をセットしながら「奥さま、一度、アップにしてごらんなさいましよ」と勧める。「とてもネープラインがお綺麗ですもの。レフト・サイドをグッと詰めて、ライト・サイドにふんわりウェーブでアクセントつけて」と具体的に説明する。ファッション雑誌から抜き出したような、ちょっと歯の浮く台詞が続くのは、小津が買い求めた美容関係の資料からそのまま引用したせいかもしれないが、「ネープライン」が襟足のことを指す以外はわかりやすい。

「襟足がお綺麗で」という台詞は職業上のお追従だろうが、そうした気配りが必要なのは通りすがりの一見のお客だけを相手にするわけにいかない地元密着型の零細な商売だからだ。同じ客商売とはいえ、熱海の旅館とは商売の構えや基本が異なり、むしろ兄の幸一がしている町医者と似ている。ましてや社内で人手の融通がつく紀子の会社とはまるで違う。医師や美容師という技術を磨き、同時に客相手もしなくてはならない自営業という共通点が、長男と長女というだけでなく、幸一と志げに連帯感を生んでいる。

志げは、こうした横文字を最新のファッションの言葉として利用している。それはかつてはモダンな盛り場だった浅草の名残をとどめている。浅草は戦後、しだいに先端文化の発信地ではなくなっていく。銀座ほどではないにしろ、戦前には流行の先端を走っていたのだが、戦災を経て文化の中心がしだいに新宿や渋谷などの東京の西側に移っていく。これは郊外の住宅地の発展と、それをつなぐ私鉄の鉄道網が引き起こした変化だった。その状況のなかで、浅草の吾妻橋近くの、しかも都電通りから少し引っ込んだ場所に店を構え続けるには、時代の流行に遅れるわけにはいかない、志げなりの事情があった。

スプリング・ハズ・カム

幸一や志げが横文字を利用したのは職業上必要だったせいである。幸一の場合には医師としての誇りを保つ知識の誇示であり、志げにとっては流行を追いかけて商売を続けていくのに不可欠な情報だった。それに対して、『東京物語』における別の横文字の用法がある。幸一の長男である実が勉強する場面に出てくる「英語」である。小津とアメリカの関係を考える場合に無視できない点である（＊2）。

中学生が英語を家で勉強すること自体に不思議はないのだが、この映画ではそれが小さな主題を形作っている。上京した祖父母の布団を敷く場所を確保するため、幸一の家の二階にある実の部屋にあった勉強机が廊下に出されてしまった。その事実を知って実は「僕、どこで勉強するんだい！　試験あるんだぞ！」と食ってかかったが、母親に「どこだって出来るじゃない！」と反論され、「いつも勉強なんかしないくせに！」とまで言われてしまう。そこで最後に「じゃ、しなくていいんだね。あゝラクチンだ、あゝのんきだね」と憎まれ口を叩く。子供が親の言葉尻を逆手に取るのは、どこにでもある親子喧嘩の一幕である。

ここで実が口にする「あゝのんきだね」という語句は、社会風刺をした演歌師である添田唖蟬坊の明治時代の「ノンキ節」から取られているが、添田の作った歌詞にはこんな内容のものがあった。

生存競争の八街《やちまた》走る
電車の隅ッコに生酔い一人
ゆらりゆらりと酒のむ夢が
さめりゃ終点で逆戻り
ア ノンキだね

今のサラリーマン、あるいは男女のビジネスパーソンにも通じるもので、酔っ払いが降りる駅を忘れて折り返しの電車に乗ってしまった光景である。どこかこっけいなその姿に、生存競争のなかで疲弊し、酒を飲むことで憂さ晴らしをする生き方を見すえている。もっとも「ノンキ節」に触発された麻生豊による「ノンキナトウサン」という大正時代の新聞マンガがあり、その映画化が松竹で一九四六年になされた。また添田唖蟬坊の弟子にあたる石田一松が独自の「ノンキ節」を披露し、人気を得て吉本興業の芸人から国会議員にまで上りつめた。戦後の流行語でもあり、実の台詞はこちらとつながっている。

『東京物語』の舞台となる季節は七月初旬なので、実が言う「試験」とは期末試験である。大人たちが尾道の人々の消息を話す席とは離れて、真剣なようすで英語の勉強をする。過去ではなくて現在そして未来に中学生の実は生きている。母親が廊下に出した学習机は使われずに、椅子の上にカバンが置かれているだけだ。代わりに実は父親の医院の診察室の大きな机で勉強をする。学習机にありがちな辞書や参考書ではなくて、薬の壜が手前にいくつも並んでいて、それ越しにアップになる顔には、中学生として大人の階段に入りかけている子供っぽさと生真面目さが際立つ。

帽子を被ったままで実は、当時三省堂が出していた『ニュー・ツダ・リーダーズ』を広げ、「一年には四季がある」「それは春夏秋冬だ」「春には三月四月五月が含まれる」といった内容の英語を小声でぶつぶつ言いながら書き写していた。その後で、おもむろに教科書の本文を「ザ・コールド・ウィンター・イズ・オーバー。スプリング・ハズ・カム。イット・イズ・エイプリル・ナウ」といかにも日本人風のカタカナ発音の大きな声で読み上げるのだ。これは、はっきりと観客に聞かせたい台詞なのである。「寒い冬が終わった。春が来た。今は四月だ」という即物的な文章に思えるが、ここに挿入されることで、この映画が変化をめぐる物語であることを私たちに告げている。

ノンキ節にあったように、長男の実は生存競争社会の中で生きている。彼が父親の机で勉強している場面は、平山医院の二代目として医者になる運命づけとも読める。東京生まれの二代目で平山一族の直系の代表として、実にひとつの希望が託されている。もちろん、「寒い冬」を戦時体制や米軍の占領時代やそれぞれの苦悩の時期のように読み取ることもできる。英語を敵性語としてとらえずに済むどころか、学習を積極的に推奨される時代が来た。医学部に入るには、幸一が使っているドイツ語ではなくて、むしろ英語が必要になってくるのだ。

映画に出てくる家族のタイプがばらついているせいで、東京でのそれぞれの生活の困難の違いが見えてくる。そして平山一族の将来は、尾道を中心には展開しないことが周吉たちにははっきりした。地方の若くて意欲のある人材を東京や大阪が吸収してしまう。そして志げがそっと「お母さんだったら、東京へ来てもらったって、どうにだってなるけど」と言うように、一人残った周吉を引き取る選択を誰もとらない。とりあえず京子がお嫁に行くまで尾道で世話をすることになる。周吉は五人の子供を育てた立派な家を持ちながら、そこからすべてが巣立っていくのだ。そして、この後は東京の幸一の一家が平山一族の中心となる。長女の志げの金子家にも、紀子の平山家にも現在のところ跡継ぎがいない。未婚の敬三や京子の将来はわからないが、平山姓が尾道に残ることはどうやらなさそうだ。

3　国会議事堂と皇居

東京を見るスチール写真

『東京物語』といえば有名なスチール写真がある。尾道の海が見える高台で、石灯籠の傍らに義理の父と娘である周吉と紀子が朝日を見ながら並んで立っている。撮影した場所は浄土寺で、ずいぶん昔、最初目にしたときに、小津映画の特徴である垂直線の配置に感心はしたが、二人が石灯籠に寄り過ぎて、とても不安定な構図に思えた。三つの垂直線で中心にくるべきと思えるの

『東京物語』監督／小津安二郎（1953年）写真提供／松竹

は周吉のはずなのにずいぶん偏っているのは、トリミングが悪いせいだろうと勝手に考えてしまった。もちろん無知がなせる判断の誤りである。

かつてのVHSのケースだけでなく、二〇一三年に発売されたブルーレイのデジタルリマスター版の箱にも、このスチール写真が使われている。どうやら松竹にとって『東京物語』とこの写真は切り離せないらしい。上下左右はトリミングされ、タイトルのロゴが周吉と紀子の間に浮かんでいるので、この位置に中心線があるはずだ。

あらためて写真を見ると、第四の垂直線が隠れている。それは碍子《がいし》を載せた電柱で、頭の部分だけが紀子の足元の左横に姿を見せる。それも含めると四本の垂直線が平行関係にあり、安定が作り出されている。朝日を浴びて長く伸びた紀子の影は、石灯籠の側面の黒い影の部分に溶け込んでいる。そして手前には下駄を履いた周吉の足元近くに建物の影が落ちている。このスチール写真の中心線は建物の影の角に位置している。そして背後では左から右へと斜めに一本の電線がちょうど石灯籠の頭を横切り、その下には複数の電線が走って垂直線とクロスしているのだ。

こうしたスチール写真は映画のセットや人物を利用して専門のカメラマンが撮影し、宣伝材料にするものであって、実際の映像と同じわけではない。実は『東京物語』の中にこうしたショットは存在しない。その意味では映画本編から離れた一種の「虚構」である。

もっとも正確に言えば、予告編にはこのスチール写真と結びつくショットがあるのだが、それが本編では採用されなかった。

母親の葬式のあとで子供たちが自分たちの家へと帰る相談をしていて、ふと父親がいないことに気づく。そこで紀子が迎えにいくと「あゝ綺麗な夜明けだった」と周吉が口にし、さらに「あゝ今日も暑うなるぞ」という声とともに、二人は母屋へと戻っていく。スチール写真のように並んでじっと朝日を見る場面はない。しかも映画では石灯籠は左右に二つ見えているし、周吉に近づいた紀子が朝日のほうに顔を一瞬向けても、すぐにキャメラのほうへと歩き始めてしまう。碍子を載せた電柱の位置も紀子の足元近くで、スチール写真のようにバランスがとれてはいない。二人並んでこちらに近づいてくるのだ。

では、この映画本編の内容を正確にはしめしていないスチール写真が『東京物語』の代表的な図像《イコン》となったのはなぜだろう。まず、なによりも義理の父と娘が並ぶせいである。しかも笠智衆と原節子が並ぶことが重要だった。さらに二人に朝日が当たっているのが不可欠だった。もちろん周吉が夜明けを見ていたとは、東を見ていたわけで、その視線の先に東京がある。平山家が浄土寺の東あたりに位置するのは、冒頭のショットで明らかになっていた。そして、東京とつなぐ山陽本線の印こそ、スチール写真の第四の垂直線に他ならない。

さらに言えば、とみの死に際して朝日を仰ぐことで、「宮城遥拝《きゅうじょうようはい》」という戦時中の習慣が、周吉の中でよみがえったとしても不思議ではないはずだ。観光バスで都内見物をするときに皇居が映り、バス・ガールははっきりと「皇居」と口にする。地方の役人として戦前と戦後の生活に連続性を持っていた点でも彼は平均的な日本人の考えの持ち主だろう。「戦争はこりごりだ」と旧友の服部は言い、周吉は確かにそれに同意する。直接的には息子を戦争で亡くしたことに対する悔しさからである。問題は「帝」都としての東京が周吉の心のなかで今、どうあるかなのだ。

周吉が朝日を眺めた浄土寺という場が持つ意味合いが大きいように思える。尾道の浄土寺は、大阪の東住吉にある法楽寺とともに真言宗泉涌寺派の大本山である。総本山はもちろん京都の東山にある泉涌寺になる。泉涌寺は「御寺」と呼ばれ、天皇家とのゆかりが深く菩提寺となってきた。江戸時代の後水尾天皇から孝明天皇までの陵が山中におかれている。浄土寺が京都と天皇家との精神的なつながりを持つ場だからこそ、夜明けや日の出という表現の中に隠されている東の方角が重要となる。尾道から東だと、敬三もいる法楽寺のある大阪や御寺のある京都、さらには皇居のある東京を向くことになる。

こうした、周吉の考えを知るには、小津が敬愛する志賀直哉が一九四六年の『婦人公論』で「天皇制」について述べた「今度の戦争で天子様に責任があるとは思はれない。然し天皇制には責任があると思う」という意見が参考になるかもしれない。志賀はこう続ける。

天子様の御意志を無視し、少数の馬鹿者がこんな戦争を起す事の出来る天皇制、――しかも、最大限に悪用し得る脆弱性《ぜいじゃくせい》を持った天皇制は国と国民とに禍《わざわい》となった。天子様と国民との古い関係をこの際捨て去って了《しま》う事は淋しい。


つまり「天子様」と「国と国民」を裏切ったのが天皇制であって、戦争を引き起こした「少数の馬鹿者」を処罰するのは当然となる。この表現からは「天皇制」がシステムなのか、それとも作り出し維持した人間までを含むのかは不明だが、こうした分離をすることによって、国民は少数の馬鹿者にだまされていた被害者となる。天皇制を単なるシステムとするならば、国民は「無辜《むこ》の民」となり、戦後になっても相変わらず主体化されないままに終わってしまう。

「宮城遥拝」は、戦争中の『父ありき』の中で、金沢の中学生が修学旅行に出かけるときに、事前のコース説明で「宮城遥拝をして」と口にしながら教師役の笠智衆が一礼をしたように、とりわけ珍しい行為ではない。現存するフィルムでも、見事な富士山のショットや鎌倉の大仏前での集合写真が修学旅行の雰囲気をしめしている。学生も教師も戦争の立案者ではないが協力者であり遂行者でもあって、決して戦争忌避者や反戦主義者ではなかった。それは戦争中の小津も、登場人物である周吉たちも同じ立場であろう。

小津における戦争の影

小津映画に若手監督たちが反発する根拠となったのは、小津の戦争加担や支持の体験を戦後は封印し曖昧にしている態度のせいだった。四方田犬彦《よもたいぬひこ》は『日本の女優』のなかで原節子と李香蘭を対比させ、義兄の熊谷久虎監督の影響で反ユダヤ主義的ナショナリズムを抱いた可能性があったのに戦後封印してしまった原節子と、戦争中の体験を告白し反省した李香蘭との違いを指摘した。戦争体験をどのように総括したのかに関して倫理的態度を求める四方田は、小津安二郎を原節子と同じ曖昧派のなかに入れ、小津の友人で自己の戦争体験への反省を『飢餓海峡』や『宮本武蔵』で表現しようとした内田吐夢監督を李香蘭と結びつけ、両者のグループは異なるとみなすのだ。

けれども小津はあくまでも松竹大船調という枠組みのなかで映画を製作していたので、題材や展開の選択の幅が限られていた。しかも社会派に向かおうとすると、興行収入も「キネマ旬報」での評価も落ちてしまうという否定的な結果がついてまわった。観客や批評家が「小津」に期待する一定の内容や世界観があり、それは本人の思惑とは必ずしも一致しなかった。

戦後の出発点として、好人物である労働者の喜八を主人公にした『長屋紳士録』を発表したが、戦前の焼き直しと受け取られた。そのあとからは失敗作と成功作を交互に繰り返してきたが、一貫してサラリーマンそれも管理職につく中流階級を扱って、職人を扱う主題からは遠ざかっていく。『風の中の牝雞《めんどり》』『晩春』『宗方姉妹』『麦秋』『お茶漬の味』『東京物語』『早春』『東京暮色』と作品創造を続けた。

この中で、妻が子供の治療費を得るために売春をしたことや、階段に突き落とす場面が出てくる『風の中の牝雞』は本人も失敗作とみなしている。また『宗方姉妹』は新東宝で撮影したせいもあって、どこか小津調でないとされ、妹を演じた高峰秀子を小津は絶賛しているのだが、それほど評価は高くない。『早春』も失敗作とされるし、『エデンの東』を下敷きにしたとされる『東京暮色』は、暗さゆえにか評価も低く興行収入も低かった。どうやら姦通と戦争にテーマが傾斜する「暗い小津」は観客に忌避されてきた。

興行的失敗をそのまま作品の失敗と直結して評価すべきなのかは疑問だが、社会的な主題となる戦争がもたらした傷跡へと向かうと興行的な失敗になるので、小津のなかで心理的なブレーキがかかったとは言えそうだ。不得手な主題を選んでいるとして、観客の気に入らなかったせいである。松竹の観客は社会的な主題に関しては『君の名は』のようなメロドラマ的な扱いか、木下惠介流の刺激の強い問題提起を望んでいて、小津にはそうした方向を期待していないのだ。

会社から給料をもらうサラリーマン監督である以上、商業的成功か批評的成功が次の作品の製作を保証するのだし、製作陣の士気にもつながっていく。「小津組」といったいつものメンバーにとっては、定時に撮影が終わる小津作品は残業代が出ないので、むしろ経済的にマイナスなのだが、それを補うだけの魅力があった。カラーになった『彼岸花』以降の作品群を指して、とりわけ「小津調」や「小津的主題」と純化された特徴が、最初から強く意識されていたのかどうかは不明である。もちろんその萌芽は戦前からあるし、単純に進化発展したとは思えない。それでもどの要素が選択されるのかには、監督本人の思惑を超えた理由がある。

佐藤忠男は、中産階級の家族を描くのは野田高梧の主題だ、とみなして小津とは切り離そうとする（『完本・小津安二郎の芸術』）。末延芳晴は、志賀直哉から広津和郎を助けてくれと頼まれて、野田が広津の小説を読み漁って「父と娘」を発見し、それをシナリオに仕立てていったと指摘する。そして野田自身の娘との葛藤が盛り込まれていたと推測する（『原節子、号泣す』）。これは納得のいく話で、結婚をしていない小津にとってはもちろん、野田にとっても「娘の結婚問題」という新しいテーマが発見されたわけだ。自分でもシナリオを書く小津のようなタイプの監督の場合に、シナリオ作者として誰と組むのかは作品の特徴を決める一因となるし、志賀直哉や里見弴といった白樺派との接近も影響を及ぼしていた。

現在では成功作とされる紀子三部作だが、これらは自身の低迷や批判を超えるために模索するなかで出来上がった。最初から三部作にしようと考えていたのではなく、前作にある問題を継承し発展させた結果である。『東京物語』そのものが『麦秋』で描ききれなかった残余の材料から生まれたのは知られている。「キネマ旬報」のベストテンや芸術祭で高い評価を得るというプレッシャーとの戦いのなかで自分の方向を見つめたときに、鎌倉在住の作家や画家や工芸家とのつきあいのおかげで芸術志向が高まる。『宗方姉妹』のなかの「古くならないことが新しいこと」という台詞が知られるが、これが後期の作品を作り続ける気概となっていた。

登場人物が「もう戦争はこりごりだ」と述懐する『東京物語』に戦争忌避や反戦の意思を読み取るのは可能である。けれども「戦争はスポーツだ」と日記に記し、戦地で目の前の戦闘に必要な作業を効率よく遂行した小津の姿も確かにある。與那覇《よなは》潤の『帝国の残影』は、毒ガス部隊への参加を含めた中国戦線での小津の体験が、戦後の作品にどのように痕跡を残しているのかをあぶり出している。天津やラーメンといった映画内の記号から読み解いていくのだが、この本の第三章ではシンガポールという南方との関係を考慮したい。

小津映画がもつ雰囲気や特徴は、設計図にあたるシナリオばかりではなく出来上がった映像のなかに浮かび上がる。実際の画面の中の台詞や効果音や音楽といった要素の総合としてであり、それがシナリオと実際の映像作品の差に他ならない。目の前で起きている社会現象を直截的に表現することを避けたかったせいで、連想にゆだねたり、部分的な表現にとどまったり、ほのめかしを多用している。

木下恵介監督の『日本の悲劇』に反発したのも直接的な表現をとった点だし、小津映画における社会風俗の描写はあくまでも間接的なものにとどまる。確かにパチンコや競輪なども取り込んでいる。流行歌や流行語をも採用するが、それが物語の中心とはならない。過去の記憶もあくまでも言葉の端々や映像の断片の積み重ねから浮かび上がってくる。そうした不在を読み取るためには、『東京物語』の東京を考える上で周吉たちの東京観光として小津が選んだ対象が何で、それをどのように描いたのかが重要となる。

江戸城から皇居へ

観光バスの場面は、シナリオでは「進行中の遊覧バス」「流れ去る丸ノ内風景」「窓から見た宮城」「銀座」「デパート」と続いていく。そうした光景を見ながら私たちがぶつかっているのは「国」や「国民」や「個人」や「家族」の連続と不連続である。政治や経済の連続と不連続と言ってもよい。それが東京という町を通じて描き出されている。

時代が変わっても、以前からある存在がすべて消えてしまうわけではない。とりわけ建物は残るし、その住人や建物が入れ替わっても土地は使い続けられる。その最たる例が本籍地としても人気のある千代田区千代田一丁目一番地である。以前は江戸城や宮城《きゅうじょう》でも、一九四八年からは宮内庁によって「皇居」と呼ばれるようになった。正確にはかつての本丸は公園になっていて中心ではない。空襲の飛び火で燃えた明治宮殿が建て替えられたのはずっとあとになる。ここが吹上御苑と呼ばれるのは、かつての御三家などの屋敷が明暦の大火で焼けてしまった以降、火除け地になっていたからだ。

映画の中での観光バスの場面は「はとバス」を利用して撮影された。周吉たちが乗った観光バスから見える景色で、立ち寄ったと確定できるのが「皇居」と「デパート」のある銀座というのは意味深である。当時のはとバスには半日コースと一日コースがあったが、八時間五百円の一日観光コースは、東京駅と上野駅から乗ることができて、下車する場所としては「皇居、国会議事堂、靖国神社、旧赤坂離宮、明治神宮、泉岳寺での昼食、歌舞伎観劇、浅草観音、それに日本橋三越」が挙がっていた（中野晴行『「はとバス」一九六〇年』）。寄る場所を変更しながらもコンパクトな東京案内としての役割を今でも持っている。紀子が九時に迎えに行くといっているし、帰りが夕方になるから一日コースだったはずだ。

この当時のはとバスのようすは、五二年に高峰秀子が出演した成瀬巳喜男監督の『稲妻』からわかる。そこでの高峰は南方ボケの兄と二人の姉を持つ末っ子で、はとバスのバスガイト（バスガール）を勤めていた。四人がすべて別の父親との間の子供であるのが話の鍵となっている。高峰が乗るボンネットバスからして、周吉たちが乗ったバスが同じ構造を持つことがわかる。天井には上のようすが覗けるように展望用の窓ガラスがはめられていた。そのせいで、『東京物語』でも丸ビルなどの姿が上のほうまで収まっているし、窓には「夜の東京」といった文字まで読み取れる。

この後の五七年に出た初代コロムビア・ローズが歌った「東京のバスガール」は、はとバスのバスガールがモデルとされるが（ただし路線バスを想像させる歌詞がある）、『稲妻』では下町から離れたところに自分の部屋を借りて、隣の家の女性が演奏するピアノに聞きほれる場面がある（その役を演じているのが香川京子である）。そうした自立的な生活ができるくらいの収入を獲得できる点で、女性にとっての憧れの職業のひとつでもあった。

映画のなかの路線はどうやら現実のコースを合成したものだが、バスガールは宮内庁による名称変更後も皇居を相変わらず「宮城」と説明しているし、太田道灌から続く五百年の歴史を強調する。バスから降りて皇居を参拝する場面はないが、代わりに観光バスの中で周吉たちは揺られながら外の二重橋などの景色を見ている。

バスの中で周吉ととみと紀子が別々に座っているのが印象深い。正確に言えば、バスの通路を挟んで左側にとみ、その背後に紀子が座っている。反対の右側には周吉がいる。この配置は真ん中にキャメラを置く設定から生まれたのだろうが、それとともに、皇居や外の景色に対する複雑な思いをしめす配置となっている。彼らの表情や陰影が三人の違いを形作っている。昌二の死を息子や夫が奪われたものとして捉える母と妻の二人の女性と、戦死させたが息子を御国に捧げたと、どこかで誇らしく思う父親は別の表情をしている。

確かに同じリズムで三人の体は揺れているが、考えていることは三者三様で異なっている。そうした同床異夢の状態がバスの中で再現されていた。こうした画面上の配置によって、平山家の三人が皇居を訪れたことが持つ意味合いが変わってくる。はとバスの一日コースに含まれる靖国神社に設定したのでは、メッセージが強すぎて生まれてこない効果であろう。もっとも『長屋紳士録』が九段の坂ではぐれてしまった父と息子の再会の物語であったように、小津映画は靖国神社には近づくのだが、正面から扱う気配はみせない。

松屋銀座デパートと国会議事堂

次に向かったのは、服部時計店や地下鉄の入り口が見える銀座の一帯である。今では考え難いのだが、デパートの屋上に上るのが観光バスのコースに入っているという設定だった。はとバスの実際の一日コースの立ち寄り先が日本橋三越だったのを、松屋銀座へとシフトしたわけである。

最初のシナリオでは、デパートの脇にバスが止まるショットや、バスガールが「観光バスの皆さま、そろそろまいります。お集まり願います」とうながす台詞が書かれていたのだが、すべて削除されてしまった。そのせいで、デパートの屋上の場面が観光の一環なのか、それとも紀子が勝手に案内しているのかが一瞬不明となる。おかげで、屋上から下りかけた階段の途中の踊り場で、幸一や志げの家の方角を尋ねる場面が、より親密な空間に見えてくる。ガイドをする役が紀子なので、周吉たちはバスの乗客としてではなくて、もっと私的に案内されているように感じるのだ。

松屋銀座は、これも画面に映っている服部時計店とともに、戦後GHQのPX（酒保）だったが、映画の前年の一九五二年に返還され改装された。そのファサードが格子模様のように見えるのが気に入ったのか、アップになってから階段が紹介される。紀子のいる米山商事のビルの外で建設が進むようすのショットがあるように、小津はインターナショナル様式のビルが作る直線の構図を気に入っていた。

松屋銀座が一般に開放されるようになったことは『東京物語』を撮影する一カ月前には高松宮が訪問してセレモニーが行われたほどだ（猪俣賢司「東京の地理学と小津安二郎の映画技法」）。その後、周吉たち一般人でも気兼ねなく立ち入ることができるようになった。改装したことでアメリカから取り戻した東京の新名所となり、人々が戦前との連続性を持って訪れる場所になった。このあたりの描写が、小津がアメリカの影が消えてから安心して「アメリカ嫌悪」の意識をにじませて日本回帰に傾斜するのだ、という疑念を招く理由だろう。

それにしてもデパートが皇居と並んでいるのが興味深い。はとバスが一日コースの路線のなかに日本橋三越を選び、『東京物語』に出てきた衣装は高島屋が誂《あつら》えたように、戦後もデパートは高級品を売るだけでなく「非日常の世界」としての意味を持ちえたのだ。だからこそ、日曜日に周吉たちを連れて出かける予定のときに、文子に昼をどうするかと質問されて「デパートの食堂にでも行くか、子供たちにもいいだろう」と幸一が言うと、「そうね、勇はお子様ランチがとても好きなの」と文子は教える。デパートが持つステータスや非日常性がここに現れている。中学生の実は、もちろんそんな子供っぽい食べ物は嫌だろうが、彼が外出を楽しみに待っているのは、そうした空間では大人と同じ振る舞いができる可能性を持つせいだ。

この「お子様ランチ」は一九三〇年代に日本橋の三越や上野の松坂屋がはじめたもので（ネーミングをしたのは松坂屋だが）、戦前の文化のひとつの表れである。子供向けの消費を拡大するきっかけでもあり、デパートは子連れで買い物ができる場所でもあった。アメリカでのデパートによるサンタクロースを使ったクリスマス商戦をめぐる騒動を描いた『三十四丁目の奇蹟』（四七年）のように消費文化の象徴だった。ひょっとすると幸一の頭のなかにあったデパートは、浅草からの地下鉄の駅と直結するのがウリだった上野の松坂屋だったのかもしれない。紀子が観光バスに乗せて周吉たちを連れて行った松屋銀座とはライバル関係にある。

周吉たちがデパートから見下ろした光景とおぼしい眺望のショットがある。実際にはデパートも含んだ光景なのだが、そこには国会議事堂の屋根やオフィスビルが映っている。関東大震災以降の三〇年代に建設された建物群が戦争を生き延びたようすが、アメリカの影が退いたことで、まるで三〇年代に戻ったかのような錯覚を与える。銀座の柳を画面の端にちらつかせるように、帝国が崩壊したあとでも帝都が生き延びているかのような錯覚である。デパートを出してきた理由はそこにあるだろう。そして、戦後の政治の中心となる国会議事堂は頭を見せるだけでその全貌はわからない。あくまでもたくさん並んだ建物のひとつという扱いである。

観光バスにいっしょに乗りながらも、かつて東京を訪れたことのある周吉と初めてのとみとでは、東京の持つ意味合いにずれがある。戦前の世界を懐かしむ立場なのか、それとも戦争での喪失を苦いものと感じる立場なのかの違いでもある。もちろん戦後の政治の中心は皇居ではなく国会議事堂にあり、GHQの支配が終わった以上、そこが人々が自分の気持ちを訴える先となるはずだが、周吉が遥拝するはずもないし、とみが失われた息子を追慕する場所ともならない。当然ながら映画が近づくことはないし、はとバスの順路に入っていたとしても、彼らの観光コースに国会議事堂は入ってこないのだ。

(1) 原節子が女医を演じた吉村廉監督の『女医の診察室』(一九五〇年)は、かつての婚約者の妻のために自分の命を縮めてしまうヒロインという典型的メロドラマだが、三角関係となるその妻を三宅邦子が演じているというのも『東京物語』の観客にはなんだか興味深い。このなかで心臓病の症状に関するドイツ語が飛び交うのが、治療と研究を両立させる総合病院の雰囲気を出していた。

(2) シンガポールで小津が集中的に観た映画のなかに英米文学を原作とするものが目につく。もちろんハリウッド映画のネタとしてなのだが看過できない気がする。マーガレット・ミッチェル原作の『風と共に去りぬ』のような有名作は少々別格かもしれない。しかも階段の場面が『風の中の牝雞』で借用されたと蓮實重彥は指摘する。それにしても南部が負ける話を戦後にどのように消化あるいは昇華したのだろう。ジョン・フォード監督作品では、スタインベック原作の『怒りの葡萄』は映像と群集劇の表現とともに大恐慌の体験という共通点を持つ。スタインベック原作には『東京暮色』にヒントを与えた『エデンの東』もあるが、こちらはエリア・カザン監督作品だった。今では忘れられた作家ではあるが、アースキン・コールドウェル原作の『タバコ・ロード』は「敗戦国」としての南部を扱っている。戦後になってじわじわと影響を与えたのかもしれない。ユージン・オニールの初期の一幕劇に基づく『果てなき船路』も見逃せない。フォードの海と小津の海はいろいろと結びつきがありそうだ。そしてウィリアム・ワイラー監督の映画には、リリアン・ヘルマン原作の『小狐たち（偽りの楽園）』がある。強烈なベティ・デイヴィスと田中絹代や杉村春子や原節子はどのように交差するのだろうか。またワイラーと組むことが多かったヘルマンは『西部の男』のシナリオにも参加していた。さらにはサマセット・モーム原作の『手紙』という南洋ものをシンガポールで観るのはどんな感じだったのか。製作した時点でナチスドイツへの批判をこめた作品もあるし、シンガポールで国策映画を作ろうとした小津が、どう受け止めたかは検討に値する。原作を踏まえた『小津のアメリカ』は映画研究者や表象文化研究者の興味を引かないかもしれないが、文化の相互関係を見るときに重要である。

第三章　戦争の記憶と忘却

1 戦災の記憶と復興

隅田川の東

一九〇三年に小津安二郎が生まれたのは、江戸深川つまり江東区の深川である。かつては深川区だった。祖父の代に三重松阪の小津本家から海産物問屋を任され、肥料の店もやっていた。そして二三年の大震災のあとは地所を管理する仕事についた。江東区の古石場川に残る「小津橋」は、この本家の勢力を物語っている。小津を可愛がった祖父は遊び人だったが、父親は勤勉だったという。

その父親の意向で小津一家は松阪に移る。父親が半年交代の単身赴任の形をとって暮らしたのだが、震災後の東京よりも、のびのびとした地方の生活がよいという判断だったようだ。そのため、十歳から松阪で育ち、そこで映画と出会い、受験に失敗したあと一年間小学校の代用教員をつとめた。生徒たちに「オーヅ先生」と慕われたが、映画の夢を諦められずに叔父の伝手を頼って松竹に入社し、東京へと戻る。ところが、一九三四年に父親が死ぬと深川の家を失うことになる。母と兄嫁との間に性格上の確執があったとされ、三六年には弟と母を連れて芝区高輪の借家へと移った。戦後はさらに姉がキノエネ醤油に嫁いでいた縁から千葉の野田に移り住む。そして五二年には北鎌倉に自宅を持つ。

鎌倉というと多少唐突に思えるかもしれない。じつは三六年に松竹は撮影所をそれまでの東京の蒲田から神奈川の大船へと移転したのだが、ここは鎌倉市の一番北に位置する。『晩春』や『麦秋』に出てきた北鎌倉は横須賀線で大船の次の駅であり、手近なロケ地でもあった。原節子や笠智衆たちが乗って通う電車も小津にはおなじみである。それに戦前の『宝の山』（二九年）が当初『モダン梅暦』と題していたように、江戸時代の為永春水の『春《しゅん》色梅暦《しょくうめごよみ》』をリメイクしたものだが、原作小説は鎌倉を舞台にしていた。もっとも江戸時代のことで、幕府の目を逃れるために江戸（都）の話を鎌倉に仮託したにすぎないが、そうした置き換えが小津に影響を与えた可能性もある。

文人が多く移り住んでいた鎌倉は小津にとって仕事場の近く以上の意味を持っていたのだろう。大佛次郎（『宗方姉妹』）や広津和郎（『晩春』）や里見弴（『彼岸花』『秋日和』）と鎌倉にゆかりのある作家たちの作品を映画化している。それに小津が敬愛する志賀直哉や久保田万太郎も住んでいた。興味深いのは、引っ越した後には鎌倉を正面切って描こうとはしなくなった点だ。対象としての鎌倉が身近になって、かえって描くのが面映ゆくなったのかもしれない。

一九六三年に没し、鎌倉の円覚寺の「無」と刻まれた墓石の下に今は眠っている。ヴェンダース監督の『東京画』（八五年）での墓参りをする笠智衆の姿は印象深いが、墓に水をかけるときに使うのが木桶ではなくて黄色いプラスチックのバケツなのが時代を感じさせた。ヴェンダースもそうだが、この「無」の墓碑銘を禅と結びつけて過剰に解釈する傾向がある。だが、京都の法然院にある谷崎潤一郎の墓が「寂」一字になっているのと同じく、あくまでも墓を作る作法のひとつだった。亡くなる直前まで次回作となる『大根と人参』の準備をしていたのだし、本人の死は突然であって、すべてを諦念して最期を迎えたわけではない。

小津が暮らしたところは「深川→松阪→深川→高輪→野田→鎌倉」となる。その移動のなかで、家屋と家族と土地との関係について一筋縄ではいかないつながりを感じたことや、小津自身の家族の体験が映画の素材や描き方に多かれ少なかれ作用したのは間違いない。「家郷」への思いがそこにはある。紀子三部作の前作の『麦秋』で、老いた夫婦が余生を暮らす場所としての大和を描いたりもしたが、小津の心の風景となったのは、生まれ育ち、松竹で映画を作り始めた頃に住んだ深川だろう。

深川といえばかつて松尾芭蕉の庵があり、『奥の細道』の出発点としても知られている。江戸の大火で儲けた材木商の紀伊國屋文左衛門の終焉の地となっている。大名の下屋敷があったりもした。「下町」でも現在の江東区を中心とした一帯が、小津にとっての精神的な後背地となっている。喜八ものと呼ばれる気のいい長屋の住人のキャラクターは、小津の家に出入りしていた人物をモデルにしたと告白している。そうした周囲の環境で育ったのだ。

川本三郎は小津が永井荷風の全集を買い求め、荒川放水路付近を散策していたことに注目し、『東京物語』を荷風の世界と重ねてみせた（『銀幕の東京』）。この指摘はひとつのヒントになる。一九三六年に書いた「放水路」で、もはや隅田川の両岸が散歩コースにはならないと荷風は文句を言っているし、代わりに荒川放水路のあたりを歩くとして千住や葛西の橋の名が出てくる。堀切の菖蒲園の話もあるので、『東京物語』に堀切の駅が出てきた理由ともされたのだろう。ここは荷風が偏愛する場所のひとつだった。『戸田家の兄妹』（四一年）には、還暦を越えた夫妻が、震災後に堀切菖蒲園に出かけた思い出話も出てくる。それが夫婦で出かけた数少ない場所として回想されている。

もっとも、素直に隅田川とのつながりを考えるほうが、この映画にはふさわしい。幸一の家のショットで出てくる近所の千住大橋と、撮影日記からわかるように志げの家は吾妻橋の近くに設定されていて、どちらも隅田川にかかっている。戦前の円タクの運転手は「山の手は坂で覚え、下町は橋で覚える」のが秘訣だったらしいが、吾妻橋より下流は大川と呼ばれ、大川端は歌舞伎の「三人吉三《さんにんきちざ》」などの舞台にもなってきた。そして、深川に木場があるように、川を使った交通や水路がこの一帯には身近にあった。それがまさに変貌したのである。

荷風は隅田（墨田）川の東の玉の井界隈を舞台にした『濹東奇譚』を翌一九三七年に書いた。帰朝者である荷風自身をモデルにした小説家を主人公にして、明治世代と大正世代の世代の違いを描く。ラジオの音を嫌い逃れてきたのは、のべつまくなしに情報が垂れ流される時代に嫌悪感を抱いているせいだ。そこから逃れる先となったのが、雨傘を持って散歩する習慣の主人公が雨のなかで知り合いになった旦那持ちの女だった。小説家本人がいま書いている小説が登場するというメタフィクションとしても読めるのが荷風の工夫で、単なる身辺雑記ではない点が魅力となっている。

『東京物語』では志げの店と家を紹介するショットで、本所吾妻橋を経由する都電が出てきたし、荷風も都電に乗って深川へと通っていた。現在は荒川線以外の都電が廃止されてしまい、都バスの路線へと変じている場合も多いが、かつては縦横に走っていた。映画のなかでは東武鉄道や京成電車に目が行きがちだが、登場人物の移動が都電を利用すると想定されていたのならば、彼らの身軽な移動に利用されたのかもしれない。庫造が浅草に出たり、巣鴨に出かけるときにも都電を使っていそうだ。川や運河がかつて手軽な交通路であったことが徐々に忘れられ埋め立てられて道路になるように、都電やバスの場合には車列に溶け込んで見えにくくなってしまう。

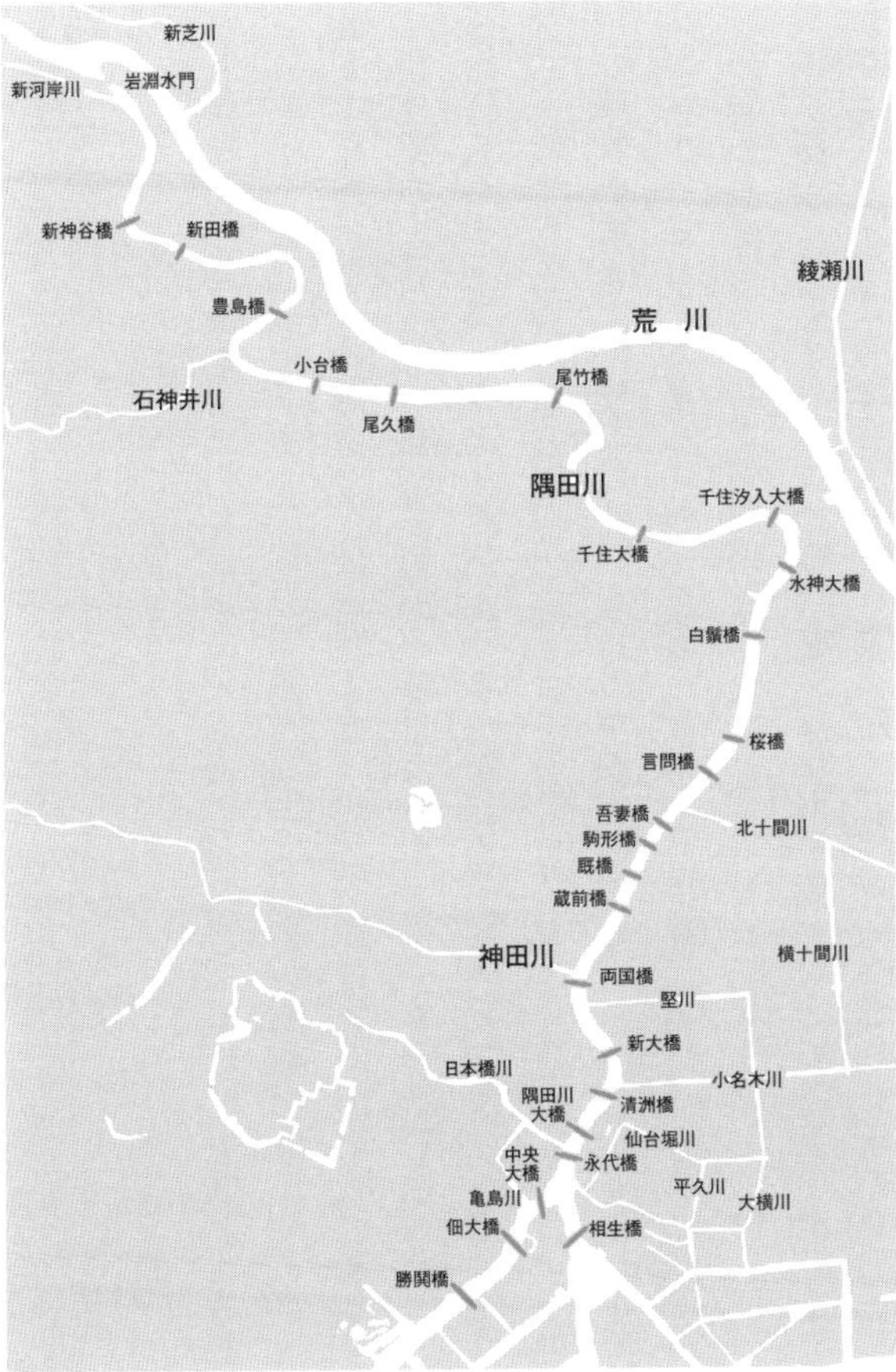

下町と隅田川の関係

関東大震災の記憶

江戸と東京の風景の間に不連続をもたらしたのは、大火や震災と、それを契機とする都市開発だった。とりわけ一九二三（大正十二）年の関東大震災は大きな断絶を生んだ。東京への愛郷心がそれまでなかったと芥川龍之介は述懐する。だが、江東尋常小学校付属幼稚園以来の友人で、染色業の大彦《だいひこ》の野口真造と地震の翌日にサイダー一本で話し合ったとき、地震のせいで東京から人が去っていると芥川が言うのに対して、野口が「江戸っ児は残る」という言葉に心強さを感じたと書き記している（「大正十二年九月一日の大震に際して」）。下町に残っていた江戸の風景が消えただけでなく、人口の空洞化さえあったのだ。とりわけ深川は被害率百パーセントとされ、まともに残った家もなかった状況だった。そのなかでかえって「江戸っ子」気質が鮮明にそして強固になっていく。

永井荷風も震災後の深川について「深川の唄」や「深川の散策」などの随筆を書いている。とりわけ後者では「今日の深川は西は大川の端から、東は砂町の境に至るまで、一木一草もない」として、関東大震災後の変貌を指摘していた。「一直線の広い道路」と「運河」が「臨時の建造物と仮小屋」の間を貫いている光景が広がるだけだと嘆くのだ。だが皮肉にも大火によって新しい建築が導入され、さらに欧米化も進んだ。紀子が暮らしている設定で使われたのは横浜の平沼町の同潤会アパートだが、これは関東大震災後に建設されたものだ。同潤会は全国から寄せられた義捐金をもとに、鉄筋コンクリートのアパートと木造住宅を作った。日本化された田園都市構想に連動するように住宅を建設していった。青山や渋谷の代官山が有名だが、荒川区の三ノ輪や深川区の住吉などにも建てられた。また、震災前からあった東京市の市営住宅構想に基づいて、深川区の古石場には一九二六年に鉄筋コンクリートの不燃住宅が建設されている（内田青蔵『同潤会に学べ』）。

こうして考えると、尾道で映し出された瓦屋根の続く風景は、震災以前の小津が幼少時代に見た風景とつながるものだった。この映画に郷愁が描かれているとすれば、戦災前どころか震災以前の深川の姿に対してなのだ。その江戸からの風景さえも、じつは明治維新で徐々に変化している。アメリカやヨーロッパに滞在して帰朝後に『あめりか物語』と『ふらんす物語』を書いた荷風にとって、欧米の文化はあこがれの対象でもあったのだが、それが今度はわずらわしいものとなってくる。水戸藩の武家屋敷があった小石川に生まれ育った永井荷風は、隅田川より西の文化圏にいたので、外から墨東を発見した。明治維新で二束三文になった旧水戸藩の藩士の家作を買い取って住んだのが荷風の父だった。崖の下の土地まで買い占めたのは「貧民街」になって見苦しい家が建つのを防ぐためだったと述懐している（「狐」）。

小津映画の根底にある喪失感は、関東大震災によって引き起こされたのだが、そこに下町と山の手の文化の違いが重なっている。小津より十六歳下になるが、一九一九年に同じ江東区深川（旧深川区）で生まれた国語学者の大野晋は、『日本語と私』という自伝のなかで、山の手と下町の違いに触れていた。

小津が松阪を本店とする海産物と肥料を扱う問屋の東京支店の家柄に生まれたとすれば、大野のほうは砂糖問屋の息子である。下町の年中行事は音と香りで理解できたと述べている。正月は羽根つきの音、二月は大太鼓の鳴る初午、三月には隅田川の河口に青苔を取りに行くとポンポン船の音がゆるんで聞こえたという。七月は大川の川開きで両国の花火の音、八月は富岡八幡宮の大祭と、小津も親しんだであろう行事を告げる五感への刺激が記されている。

大野は荒川区の日暮里にある開成中学に通うようになり、山の手の友人ができる。この学校自体も関東大震災で焼失したので神田淡路町から移転してきたものだ。ある友人の家を訪れると「クリームシチュー」という未知の食べ物と出会った。また別の家では「お母様」が三つ指をついて「お早いお出ましで」と挨拶をしてくれた。大野が感じたカルチャーショックは、そのまま小津が抱く「山の手」への憧憬とつながる。その世界にお嬢様としての原節子像が置かれているのだろう。『東京物語』で、志げや庫造に代表されるのが、小津にとって勝手知ったる江戸下町の庶民生活だとすると、どうやら文子や紀子の出自は山の手となる。都内での地域による差が、この映画の中に描き出されているのだ。

『東京物語』で言及されたり登場するわけではないが、現在も江東区深川のシンボル的な場所といえば清澄庭園である。岩崎彌太郎によって明治以降に作られたこの庭園は、江戸と東京を結びつけ、さらに関東大震災や東京大空襲をくぐってきた。さきほどの大野の『日本語と私』に、そのころ大野家が自営でやっていたパン屋の手伝いをさせられるのが嫌なので、途中の清澄庭園前で都電を降りて、区立の図書館で暇を潰してから家に帰っていたのだ。

清澄庭園は岩崎彌太郎が一八七八年に久世大和守《くぜやまとのかみ》の跡地の一帯を買い取って、社員用の「深川親睦園」を作ったのが始まりだった。その後、弟の彌之助が社内や接待用を超えて利用するために、ジョサイア・コンドルが設計した西洋館と河田小三郎が設計した日本館を備えた。さらに清澄庭園が紀伊國屋文左衛門の邸宅跡だという伝説（＊1）を持ち込んで、今様文左衛門として岩崎家をたたえることになった（北村信正『清澄庭園』）。関東大震災で一万人ともされる多くの被災者がここに逃げ込み命が救われた。その後、岩崎久彌が公園の半分を東京市に寄贈し、清澄庭園として整備された。公園の片隅に図書館も建設されたので、中学生だった大野晋が学校帰りに通えたわけだ。

関東大震災後の深川には耐火建築も増えたが、多くは荷風が「臨時の建造物と仮小屋」と呼んだ木造家屋にとどまっていた。そして、清澄庭園は東京大空襲でも再び人々が逃げ込んで命が救われる場所として役立った。自分の家屋が焼け落ちても命拾いをした人たちがいたのだ。安政の大地震、関東大震災、そして東京大空襲と、風景が一変する出来事が押し寄せてきたが、太平洋戦争の空襲は自然災害ではなかった。

空襲の記憶

『東京物語』のなかに登場する四つの場所のなかで、尾道と熱海は戦災に遭わなかった町という共通点を持つのに対して、東京と大阪は大空襲の被害に遭った都会である。人口五万人以上の都市は何らかの形で攻撃されたので、日本中に空襲の爪痕や記憶が残っている。戦後復興から高度経済成長やバブル経済によって忘却されつつあるが、空襲の痕跡が亡霊のように漂っている。その傷跡は『東京物語』にも色濃く残っている。

東京大空襲の体験、とりわけ「生き延びた」という体験は、個人にとり強烈な記憶として残っている。一九三〇年に墨田区向島（旧向島区）で生まれた昭和史研究家の半藤一利は、東京大空襲のときに逃げ回った体験を『15歳の東京大空襲』で詳細に語る。半藤が育ったあたりの親の職業は大工、左官、下駄屋、金属加工業などで、「官吏や大企業のサラリーマンの子女」などいない世界だった。そのまま小津の育った世界でもある。そして、半藤はふだんからの父親の教えを守り、他の人のように防空壕に逃げ込まなかったことで命拾いをする。しかも、最後に落ちた川の中で、偶然船に助けられたのだ。

また、一九三二年に大阪で生まれたが五歳から深川で育った仏文学者の竹本忠雄も、東京大空襲の体験を『めぐりきて蛍の光』に書き記していた。竹本が住んでいた長屋の隣の家は炭屋さんで、近くに地場の親分も住んでいた。空襲のときには清澄庭園へと逃げたのだが、すでにそこには人があふれていた。ところが竹本の父親の判断で人込みの中へと強引に入り込み、池の中の蓬萊島にたどり着いて生き延びたのだという。半藤と竹本に共通するのは、父親が御上の言うことに逆らい防空壕に逃げなかったからこそ家族が助かった、という皮肉な結果である。

もちろん空襲はこのときだけではなかったし、東京以外にも大阪、神戸、名古屋をはじめとする空襲が次々と続いた。だが、小津が住んでいた深川をはじめとする下町は東京大空襲によって壊滅的な打撃を受けた。下町の世界を知っている小津だが、東京大空襲のときにはシンガポールにいて直接体験はしなかったし、すでに芝高輪に引っ越していたが、家郷が潰えた体験がどのような形で映画に表出しているのかが問われる。なによりもまず関東大震災が小津家の運命を変えた。そして大空襲によって、その震災後に復興した世界も消え去ったのだ。

関東大震災と東京大空襲で深川は二度もやられたわけだが、被害状況が似ているのは偶然ではない。アメリカ軍はユタ州に、日本村とドイツ村と名づけられた敵国の住宅状況に合わせた家屋を建設した。燃焼実験をするためである。建築史家の藤森照信は「レーモンドは、日本での経験を買われ、米軍の日本都市空襲計画に参画し、アリゾナ砂漠に東京の下町を再現し、焼夷弾の有効性を試している」と記している（『日本の近代建築・下』）。ここに出てきたアントニン・レーモンドはチェコ生まれのアメリカの建築家だが、戦前来日して東京女子大の礼拝堂やアメリカ大使館などを設計した。フランス滞在中に戦争が勃発して市民権を持つアメリカにとどまっていた。その間に日本家屋の燃焼実験に参加したわけだ。関東大震災時の被災状況の記録から判断して、風によって燃え広がることを計算して、焼夷弾を集中的に台東区、江東区、墨田区、中央区に投下した。

『東京物語』は、空襲から復興した町である浅草界隈や焼け落ちた足立区などが舞台となっている。そして、周吉ととみは上野公園内にある寛永寺旧本坊表門（黒門）の前から歩いて両大師橋を通るので、服部の家があるのは上野駅の東側の低い方だった。公園地区のせいで焼失しなかった上野公園側から、駅前の一角を除いて丸焼けになった浅草方面の焼け野原だった世界へと二人は渡っていく。橋の上で周吉が「なあ、広いもんじゃなァ、東京は」と言うと、とみが「そうですなァ」と同意する。そして彼ら二人の子供たちを暗示するように、五人の子供たちが影のように通り過ぎた後、二人はいっしょに橋の上を歩いていく。まさに道行きなのである。

このショットの撮影場所について京成上野駅近くの西郷隆盛像の前というのが従来の定説だった（猪俣賢司「東京の地理学と小津安二郎の映画技法」など）。だが、上野公園内の黒門前から歩いて行く道順の自然さといい、遠くに見える地下鉄ストアとの位置関係、見えている照明灯の配置、さらに壁面の装飾模様から、両大師橋の上で撮影したと考えるのが妥当である。それにこの橋の上で会話をする場面は今井正監督の『また逢う日まで』（一九五〇年）や成瀬巳喜男監督の『晩菊』（五四年）にも登場し、戦後映画にとって両大師橋は、なかなか因縁深いロケ地になっていた（冨田均『東京坂道散歩』）。

戦後すぐに作成された「コンサイス東京都35区区分地図帖―戦災消失区域表示」によれば、万年町など駅前の一角は残ったようだが、それより東の側、つまり志げの家があるとされる吾妻橋の近くの浅草寺にいたるまでの一帯は、空襲の被害を受けた色に塗られている。吾妻橋を渡った本所区も大半が戦災に遭っている。だから、この周吉と志げの両大師橋の上での道行は、焼け残った世界と焼けた後の二つの世界だけでなく、文字どおりの崖の上にある「山の手」と「下町」あるいは、博物館や美術館や大学という「教養」と、日々の暮らしに追われる人々の「生活」の世界を結んでもいる。紀子三部作の最初となる『晩春』に能が出てきたように橋がかりを連想するのは難しくない。この映画では鉄道をはじめとして「つなぐ」とか「渡る」というイメージが隅々まで効果的に働いているのだ。

何よりも尾道の石灯籠の向こうで稼動する渡し船のようすから始まっていた。しかも象徴的に墨田川の向島《むこうじま》ならぬ尾道の向島《むかいしま》に渡るのである。そもそも渡し船は死者の国へと向かう乗り物でもある。日本では三途の川の渡し舟の船賃として死者に六文銭を持たせたし、ギリシア神話でも銅貨一枚で運ぶカロンの渡し舟がある。とみの死のあとで、人がいない空っぽの桟橋が映し出されるのも、渡っていったあとの空虚さを表す。そして、幸一の家の場面で土手の上から画面の奥に見える千住大橋、志げの家の近くにある見えない吾妻橋、さらに周吉たちが渡った上野駅の脇の線路上の両大師橋まで、二つの異なる世界をつなぐのが橋の役目である。それは過去と現在の場合もあるし、異なる価値観や歴史を持つ世界をつないでいる。

小津にとって関東大震災が十歳までの幼少の記憶を消した出来事だったとすれば、東京大空襲は松竹で監督をしていた若い時代の記憶が残る土地の消失体験である。尾道の瓦屋根が続く家並みが、自分の育った幼少時の世界を想起させただろう。『長屋紳士録』にいたる喜八もので描いた長屋に職人が暮らす町並みに近いのだった。映画内の虚構世界に、焼けずに残った築地の本願寺が出てきて驚かされる。最後に西郷さんの銅像の周辺にたむろする戦争孤児の群れが描かれていた。

空襲後の深川の写真を見ても、鉄筋コンクリートの建物がぽつりぽつりと焼け残っている。関東大震災が地下からやってきた災害だとすれば、空襲はまさに空から到来するものだった。木造家屋の火災のせいで被害は一見すると似通っている。違いがあるとすれば、関東大震災では発生後数日かけて燃え広がったので逃げる余裕があったのに対して、空襲ではスタンダード石油が開発した可燃剤が次々と投下され、火の手が上がるとたちまち燃え広がったのだ。夜間のほうが空からの攻撃には有利だし、逃げる側も視界がさえぎられて、結果として効果的な殺戮ができたのだ。しかも関東大震災の経験から、燃えにくい橋や空いている公園が逃げ場所と考えられて人々が殺到し、逃げ切れない人の群れができてさらに被害が拡大した。

こうしてみると、『東京物語』に出てきた四つの場所、つまり尾道、東京、熱海、大阪は東西の軸と、空襲による被害の有無によって相互に関連し合っている。関東大震災以前の失われた世界を彷彿とさせるのが尾道だとすると、東京と大阪は焼け野原から復興している姿として見えている。画面の皇居の二重橋の前にいるのは観光客であり、敗戦の玉音放送に打ちのめされた人々ではない。

敬三の下宿から見たショットと思える画面のなかで、大阪城は誇らしげに建っているが、一九三一年に完成したコンクリート造の天守閣で、それすらも四五年八月十四日の空襲によってかなりの被害を受けたのを修理補修したものである。画面のなかでそびえている大阪城自体が戦災と復興を表している。そして「空襲＝戦災」を免れながらも、その記憶が尾道以上に噴出するのが保養地「熱海」だった。（＊2）

2 「燦めく星座」と熱海

なぜ熱海だったのか

表面的には親孝行に見えるが、幸一と志げは両親を熱海に行かせる相談をする。東京とも尾道とも異なる場所として熱海が浮上する。湯河原までは神奈川県で、熱海からは静岡県に入るが、温泉観光地として東京からアクセスしやすい場所にある。そこが周吉たちの訪問地となる。息子たちからする、といきなり押しかけてきた父と母をもてあまして、滞在の面倒を見ることができないのが理由だった。「ちょいと三千円ばかり出してくれない?」と志げが言い、熱海行きの計画を知ると「どッかへつれてくッたって二三千円はかゝるからね」と幸一も応じる。庫造も「それはいいですよ」と便乗する。

忙しすぎる彼らにとって、熱海はめったに訪れることができない憧れの場所である。それどころか、幸一の一家は日曜日にデパートへ出かけて次男の勇の好物のお子様ランチを食べさせることすらできない。往診のために周吉たちを連れて行くことができなくなったときに「代わりに私が行きましょうか」と妻の文子が申し出るので、子供たちを連れて外出する役はもっぱら妻だったことがわかる。中学生の兄の実は父親が外出の約束をいつも破ると文句を言ってすねてしまう。「うそつき」と強い言葉を吐くほどなので、めったにない機会が奪われたわけだ。幸一のような「日銭稼ぎ」の自営業のつらさがそこにある。

熱海行きの計画を考え出した長女の志げのほうもおそらく美容師の組合などで訪れたことがあるだけだろう。夫の庫造が「あそこはいいですよ」といった具体的な熱海の感想を述べずに、ただ単に「そりゃいい」と一般論を語っていることから、夫婦で出かけた経験がないとわかる。そうした彼らにとっての「夢の熱海」に行けば両親も満足するに違いない、というのが表面上の理屈だった。確かに両親の世話を義理の妹の次に、民間の宿に委ねるのは安易だろうが、彼らの現状からすると最大限のプレゼントとなる。

兄妹二人がお金を工面し、志げが宿屋を紹介して、体よく熱海へ追い払ったように見える。だが、志げはさりげなく「講習会で忙しいのよ」と、その後の伏線となる出来事を兄に述べているのだ。とみの危篤で尾道へ出かけるときにも、病院や店を休むためには誰かに頼まなくてはならない、というのが幸一と志げの共通の悩みだった。他の人が代わりをしてくれる紀子の会社のような身内の援助の手を持たない。葬式の後で次女の京子が東京の兄や姉がもう少しいてくれたらと望むが、小学校という組織のおかげで五時間目の体操の時間に抜け出して駅で両親を見送ることができる立場にいる者には、兄や姉の行動の切実さが理解できないわけだ。

それにしてもなぜ周吉たちの行先は熱海だったのだろう。庫造が言うように「この暑いのに東京見て歩くよりゃ温泉へでも入って、ゆっくり昼寝でもして貰うほうが、お年寄にはよっぽどいゝ」というのが理由なのだとすれば、なにも熱海である必要はない。東京近郊の温泉でいいのなら、小田急で行く箱根でも、小津が戦前から愛していた湯河原でもよかったと思えるし、競輪の好きな小津だから競輪場のある伊東温泉もありえたはずだ。

熱海を選んだ理由としては、なによりもまず文士たちのいる熱海を小津自身がよく訪れていたことがある。『暗夜行路』の作者として敬愛する志賀直哉がいたせいだろう。尾崎紅葉の『金色夜叉《こんじきやしゃ》』に代表される熱海の文学的系譜も考慮されたのかもしれない。かつて一九三四年には由利あけみが歌う「熱海ブルース」といった宣伝ソングを作ってまで人を集めようとしたが、そこでも貫一お宮のエピソードははずせなかった。ロケハンで訪れた尾道とは異なり、小津は熱海に土地勘を持っていた。

この当時の熱海は、ゆっくりと長湯治をする人のための温泉地というよりは、手軽な一泊旅行の目的地として、新婚旅行や社員旅行に利用された。戦後日本の復興と経済発展のエネルギーを体現している場所で、『東京物語』のなかでも活き活きと描き出されているのは長期滞在をする歴史的な湯治場としての熱海ではなくて、日常から解放されて麻雀をしたり酒を飲んだりする熱海なのだ。

志げのような世代が熱海に向かった理由は意外なところにある。「あそこいいのよ、まだ建ったばかりだし」と志げが言うように新築の旅館やホテルがたくさんあった。熱海は一九五〇年四月に二度の大火に襲われて、中心の仲見世通りや五十軒近くの旅館を含む千戸以上が焼け落ちた。皮肉なことにこの火事によって、戦災を逃れたはずの熱海全体が復興の機運にあふれてエネルギッシュであり、しかも古臭い老舗旅館ではなくて、若い世代が満足できる新築の「見晴らしがよくて、とっても安い」宿が並んでいたのだ。

熱海は東京と同じように新しく出直そうとしている町だった。戦中に機銃攻撃はあったようだが、爆弾投下によって戦災に遭ったわけではない。空襲を受けなかった尾道と同じだが、戦後火災による被害を受けたのが大きな違いとなる。この点を念頭において熱海のエピソードを眺めると尾道と熱海の違いがわかってくる。

『東京物語』における熱海のエピソードは次のようなものである。志げたちに勧められて熱海に着いた周吉ととみが湯に入ってくつろいで、明日の朝は海にでも行ってみようかと相談をする。そして、周吉が海のほうを見て「静かな海じゃのう」と言うと初島が見える熱海の海のショットになり、次には喧騒にまみれた夜の宿のようすになる。このコミカルな切り返しは、客が麻雀をやっている場面や、注文した「そばが来たぞ」と、まだまだ夜の盛り上がりが続くことで眠れない周吉ととみの姿によって世代の違いが表される。とりわけ部屋の外に置かれた二組のスリッパがその印象を強くする。そして、明け方に二人は浴衣のまま防波堤の上から熱海の海を見ることになる。朝になったら海に出かけようという周吉の誘いが結果として成就したことになるのだが、寝不足では皮肉な結末としか言いようがないし、それがコミカルな味を伴っている。

熱海とシンガポール

熱海は現在も谷崎潤一郎など文士の仮寓が残るように、文学的な背景を持つ場所というだけではなく、当時のレジャーをする若者世代と保養を考える老人世代の対比を表すのにうってつけだった。だが、小津が熱海を選んだ理由はそれだけではなさそうだ。

小津にとって重要な熱海体験と思えるのは、『東京物語』の前年の一九五二年三月二十二日に、シンガポール時代のメンバーによる親睦会を行ったことだ。日記によると熱海にあった自動車のいすゞの寮で行われ、小津を含めた参加者は七名だった。翌日まで歓談したようだが私的な出来事で詳しい内容はわからない。パーティーや宴会好きの小津なので、そうした一環だったのかもしれないが、助手時代から生涯を小津に捧げたキャメラマンの厚田も参加したシンガポール人脈が集まり、飲み食いをして親睦を深めたわけで、熱海は戦争時代とつながっている。

一九五二年のこの時期に小津は『お茶漬の味』のシナリオを執筆中であった。しかも、一月には大船撮影所の本館が全焼し、八畳の監督個室にあった骨董類や日記などが灰になってしまった。そのために戦中戦後の動向など細かいことはわからない。五月には借家だった千葉の野田から引っ越して北鎌倉に新居を構えた。そうした変化のなかで、シンガポール時代に考えた自分の方向性をもう一度確認していたとしても不思議ではない。『お茶漬の味』は戦前に検閲で没となったシナリオを書き直して製作された。ただし、そのときは主人公の行先が「南京」だったのを、ウルグアイという「南米」の国が選ばれたように南方への関心が持続している。リメイクは映画の宿命のようなもので、小津も積極的に戦前の作品のリメイクに関与している。

『お茶漬の味』は、三九年に中国戦線で毒ガス攻撃をふくめた作戦に従事してから帰ってきた小津がプランを立てたものである。戦場を体験してきた者として、『麦と兵隊』のような映画を微温的に感じていたので、最初に構想したのは、部隊の人数が四分の一になってまで敵地のなかを脱出するという戦争アクションものだった。この企画が実現していたら小津映画の評価や方向性は大きく変わったかもしれない。だが、戦場の詳細なようすを描くことは検閲に引っかかるので不可能だとわかった（都築政昭『ココロニモナキウタヲヨミテ』）。

次に企画したのが山中貞雄をモデルにした『彼氏南京へ行く』で、これが『お茶漬の味』の原型だった。夫婦が育ちから来るすれ違いがありながら、最後に和解をして、いっしょにお茶漬をしみじみと味わうというストーリーだった。ところが戦場に行くのに「赤飯で祝うべき出征の前夜にお茶漬を食う」という設定が検閲に引っかかり、実現しなかった。

兵士として向かった中国戦線ではなく、国策映画という文化生産物を作る監督として滞在したシンガポールでの体験は、小津にとって転換点となった。「モンタージュの勘を養うために連句をやっていた」のもこの頃である。そのときの連句の内容は「文学覚書」と題された手帳に残っている（＊2）。しかも、日本軍が接収していた百本ほどのハリウッド映画を集中的に観て、戦後の自分の方向を探ったのである。日本映画から遠ざかっていたせいで、わりあい客観的に観られたのか、一九四六年の『文化時論』に発表した「今後の日本映画」と題した文章で、今後をはっきりと見定めている。戦後の日本映画は、リアリズムでスター中心とは言えない群像劇に向かうと考えていた。小津は自分が設定した課題に応えるように作品を作っていったのである。

紀子三部作として三作をつなげてしまうと忘れがちだが、『麦秋』のあとに、戦前のシナリオを改作して映画化した『お茶漬の味』がくる。すべての創作者と同じく小津と野田高梧のコンビは、前作の失敗を学びつつ次の展開を考えたはずだ。『お茶漬の味』で、シンガポールは大きな意味を持ち、「あの時分は愉しかったですな」とパチンコ屋の店主の平山が回想する。もっともすぐに「戦争はごめんだ」と元上官の佐竹に打ち消されて同意するのだが、それでも「ノースブリッジはどうなっているか」とか「椰子の林」を懐しむ声が平山の口から漏れると、佐竹も「空がきれいで星がよく見えて」と応じる。平山の「南十字星がよかった」という感慨も、すべてシンガポール体験をした小津自身の実感だろう。

そして平山を演じている笠智衆が、四二年のシンガポール攻防戦での死者を悼むために作られた軍歌「戦友の遺骨を抱いて」を延々と歌い続けるのだ。シンガポールやマラッカ海峡などの土地の名前が出てくる歌詞に場所を回想しているようすがうかがえる。ちなみにそれをいっしょに聴いていた佐竹の部下を演じた鶴田浩二が、後にこの「戦友の遺骨を抱いて」を持ち歌のひとつにした。

オリジナルの「南京」を南米の「ウルグアイ」に変更したように、『東京物語』に登場する場所でいちばん南に位置する熱海が、意外な形で太平洋戦争それもシンガポールを連想させる南方とのつながりをしめしている。少なくともそこは戦争をはっきりと表出する空間なのだ。非日常を楽しむリゾート地だからこそ、かえって過去が露になる。

太平洋を望むのは、熱海の海岸のショットだけである。尾道水道は瀬戸内にあるし、向島のせいで瀬戸内海そのものがはっきりとは見えない。島々はまるで小高い山の続きのようで、開けた海の眺望とはならないのだ。また、敬三の下宿から大阪城を望むショットでも川は見えても海はない。しかも大阪は太平洋に面していない。東京では千住大橋がせいぜいであり、都内で観光バスが案内するのはあくまでも街中であって、銀座の松屋デパートに上がっても東京湾のほうにキャメラは向かない。

ところが熱海には、沖合いの初島を望むショットもあるし、浴衣姿の女性の観光客が海を眺めていたり、周吉ととみも防波堤の上に並んで座る。海を中心にしたショットがあるのだ。熱海の場面が太平洋を見せようとしているのは確かだろう。ただし同じように太平洋を向いていても、紀子三部作の他の『晩春』や『麦秋』での、人の気配がない鎌倉の海のショットとは印象が異なる。

しかも戦争の影が熱海でどのように浮かび上がるのかといえば、それは艶歌師の歌を通じてなのだ。これまでの『東京物語』論では、斎藤高順の曲以外の使われ方にあまり関心が向いていないが、音曲の使用にも小津なりのねらいが込められている。『晩春』では、紀子が「春のうららの隅田川」と始まる滝廉太郎の「花」を鼻歌で歌い、それに続けてオーケストラが演奏するのだが、その曲がタイトルと呼応している。こうした細部において、既存の音楽をはめ込んで使う点に、小津映画の小さいが効果的な仕掛けがある。

熱海と湯の町エレジー

艶歌師が歌う曲は、シナリオ段階では「流行歌」と指定されているにすぎなかったが、五つのシーンにわたって、オリジナルではなくて既存の歌が流れる。ここに登場する艶歌師というのは「ノンキ節」の添田《そえだ》唖蟬坊《あぜんぼう》の後身であり、同時に川端康成の「伊豆の踊り子」でも知られる旅芸人の現代版でもある。二人の男がギターを弾き、アコーディオンを演奏する女が一人加わった三人組編成だった。軒下で歌って、気に入られたら座敷に呼ばれて歌ったり、ときには上から投げられたお捻りなどを貰う商売なのだ。

まず歌われたのは「伊豆の山々」で始まる近江俊郎が歌った「湯の町エレジー」だった。一九四八年のヒット曲で歌詞は次のようになる。

伊豆の山々月あわく
灯りにむせぶ湯のけむり

ああ初恋の君を尋ねて今宵また
ギターつまびく旅の鳥

風のたよりに聞く君は
出泉《いでゆ》の町の人の妻
ああ相見ても晴れて語れぬこの思い
せめてとどけよ流し唄

あわい湯の香《か》も路地裏も
君住む故になつかしや
ああ忘られぬ夢を慕いて散る涙
今宵ギターもむせび泣く
（JASRAC出1511010-501）

二番、三番と進むにつれて、この歌のなかの主人公である流しの艶歌師が、湯の町に嫁いで今は人妻となった彼女を慕う内容が明らかになっていく。

作詞家野村俊夫と作曲家古賀政男のコンビによるもので、古賀メロディの代表である「影を慕いて」とも通じる、失われたものに対するノスタルジーに満ちている。「湯の町」とあるだけで具体的な地名が入っていないせいで、伊豆にある温泉町つまり湯の町ならどこにでもあてはまる曲になっている。もちろん熱海でもよいし、伊東、修善寺、下田、戸田、熱川など候補はたくさんある。勝手にご当地ソングと名乗ればよいので、それがヒットした理由だろう。

『東京物語』のなかでこの歌は、伊豆半島の東の付け根にある温泉町熱海にふさわしい感じを与える。しかも艶歌師が「艶歌師を主人公にした歌」を歌うという二重性も興味深い。けれどもこの「湯の町エレジー」は、画面では社員旅行の団体客が麻雀卓を囲み、じゃらじゃらと立てる音や、注文した食事を持ってきた騒音にじゃまされて、はっきりとは聞こえない。ふとんに入っている周吉ととみが寝られないでいるのは歌のせいばかりでなく、夜通し貪欲にレジャーを楽しんでいる若い世代の行動にある。「こんなとこは若いもんの来るところじゃ」と周吉が述懐するのも当然である。

「湯の町エレジー」は熱海の旅館の「女中さん」たちの間でテーマソングのように歌われる。客が帰ったあとに布団をたたんだり、ビールの罎や麻雀卓を片づけながら口ずさむ。そして新婚の客の悪口を言っている。それが自分たちと同じくらい若い新婦の態度に対しての批判になっている。それとともに、「君はすっかりぼくのものだよ」と新婦を溺愛する新郎の態度は、歌詞にある「夢を慕う」というロマンティックな態度と共振するはずだが、戦後世代からは否定されるのだ。

『日本の悲劇』と『東京物語』

だが、『東京物語』のなかで「湯の町エレジー」が採用されたのは、湯の町熱海での戦後世代の恋愛観の変貌をしめす皮肉めいた使われ方のためだけではなさそうだ。「はじめに」でも触れた木下恵介監督作品『日本の悲劇』と、この作品との因縁めいた関係がある。同じ一九五三年に公開されて、「キネマ旬報」のベストテンを争った作品だった。小津は佐田啓二を三男の敬三の役に想定していたが、スケジュールの都合で採用できなかった。佐田が出ていたのが『日本の悲劇』だった。しかも、続けて佐田は『君の名は』に主演してヒットを飛ばし、一躍松竹を代表する若手俳優となってしまう。

佐田が小津映画に参加したのはずっと遅れた『彼岸花』（五八年）で、それ以降は必ず顔を出す、なくてはならない存在となる。佐田は『麦秋』で紀子の上司を演じた佐野周二と文字面が似ていて、両者の違いに一瞬迷う。それも当然で、佐田の本名は中井寛一だが、佐野の弟子なのでデビューにあたって「佐」と「二」の二文字をもらったのだ。こうした名づけに基づく擬似的な「親子」や「兄弟」関係がまだ存在していた。もちろん佐田は中井貴恵と中井貴一の父親である。

佐田啓二が結婚するときには、独身の小津が同じく独身の木下と仲人をいっしょにつとめたほどだが、小津が日記のなかで全否定した『日本の悲劇』において、木下は母と子の断絶やすれ違いを小さな家族の物語としてだけではなく、社会風俗を取り込んだ形で描いていく。その際に実写フィルムや新聞記事の見出しを使っているし、木下忠司の音楽もときには扇情的なので、「野心的」であっても小津の趣味に合わなかったのもうなずける。この頃の木下は野心的な実験精神が旺盛で、『カルメン故郷に帰る』（一九五一年）で日本初のカラー長編劇映画を撮り、『カルメン純情す』（五二年）ではキャメラを斜めに傾けた不安定な構図を見せていた。戦前の映画で実験的な構図を採用したり、『長屋紳士録』で実際の戦災孤児をドキュメンタリー映画風に登場させた小津からすると、木下が今やっているのは新しさを追求するだけだ、という気持ちを持ったのかもしれない。

映画的な応答をするのは他の映画からの借用だけではない。「映画には文法がない」というのが持論の小津は負けず嫌いだが、同時に他人の指摘や趣向をひょいと取り入れることがある。助監督として手伝ったこともあり、『生きてはみたけれど 小津安二郎伝』（八三年）を監督した井上和男が回想のなかで、『東京物語』の撮影時の裏話を語っている（日本映画監督協会サイト上の「うで玉子くふ塘眠堂」）。

それは『東京物語』の品川駅から尾道へと帰る場面の撮影を井上が手伝ったときのことだった。エキストラを動き回らせる指示を出してキャメラの前を通過させたなら、小津とキャメラマンの厚田に怒られたという。あくまでも遮るものなしに、中心人物をフレームのなかにとらえて台詞を言わせる、という小津の公式が存在するのだと納得した。ところが完成した映画をあとで観ると、女性が横切っていくようすが撮られていて井上は驚いたのだ。要するに新しいアイデアを否定しているわけではなくて、使えそうなら使ってみる柔軟さを持っていた。『お早よう』（一九五九年）のなかで耄碌《もうろく》した母に対して、「嫌になっちゃう、楢山に行ってくれ」と娘が言うのだが、これは前年に木下惠介監督が撮った『楢山節考』からさっそくいただいた台詞であった。こうした茶目っ気もあるのだ。

また『東京物語』の上野公園の場面では、腰を下ろしている周吉ととみに向かってキャメラが移動するので、固定キャメラでしか撮影しないというのは神話にすぎないとわかる。『晩春』に、能楽堂で能を見たあとで、見合いの席になっていたことに怒った娘とそれに気づかない父とが並んで歩くようすを前から見上げて撮った見事な移動場面もある。こうした融通無碍な小津からすると、木下の探った表現は、あくまでも技術的興味が優先していたので「奇にして凡作」という感想しかなかったのだろう。もちろんそれだけ強く意識する相手だったのは間違いない。

木下の『日本の悲劇』には、選挙戦のためにトラックの上から候補者の名前を連呼したり、戦後の闇米をめぐる騒動が描かれたり、校舎が空襲で焼け落ちたために青空教室を開いている場面が出てくる。本人の戦争責任を生徒に質問された教師が、戦争中は自分もだまされていた、と苦しい言い訳をする場面もある。夫が亡くなったあと、主人公の春子は、さまざまな苦労をしながら、熱海の旅館で仲居をして、女手ひとつで娘を洋裁学校に、息子を大学の医学部へとやる。男の世話になったり、相場にも手を出して金を稼いでまでして育てた二人の子供のうち、姉は英語学校の教師との不倫関係から家出をし、弟は戦争で息子を亡くした医者の一家に養子として入り込むことに成功する。彼らの価値判断を「ドライ」だとか「アプレ（戦後派）」だとみなすことができる。

春子は自慢の息子や娘を育てるために、ときには理不尽な扱いや暴力に耐えたのだが、育った子供はどちらも彼女を見捨てていく。姉と弟が熱海の駅近くのすし屋で食べ終えて外へ出ると、彼らを探す母親の姿を見る。だが、どちらも避けるようにして母親に声をかけない。そして二人の回想シーンになって、自分が苦労していることを一方的に語るだけで、寂しさを抱えた子供たちの気持ちを察しない母親の春子のようすが描かれる。自分たちが苦しんでいたときに助けてくれなかったのだから、母親が困っても助けないわけだ。

親子が共通して憎むのは「貧乏」な状態である。心のつながりが切れた親子関係とそれは直結している。この一家は「貧しいながらも楽しい我が家」の対極にある。血のつながりをもつ叔父は彼らの財産である家作を奪い取り、金儲けのために闇屋となっていくし、春子は相場に手を出して財産を増やそうとして借金まみれになって、それを娘の貯金や自分の体で補塡しようとした。さらに隙があれば金を蓄えようとする。世代の違いがあっても、この一家の誰もが同じ行動原理を有している。そして、良かれと思ってしたことが自分に否定的に跳ね返ってくる状況に悩んでしまい、世をはかなんだ春子が列車に飛び込み自殺をはかるのも、熱海ではなくて借金を返す相手のいる湯河原だった。試写会を見ていた者たちが無言になったのもわかる。

そうした春子を認めるのが、ゆきずりの艶歌師と宿屋の板前という赤の他人であるという構造は、どこか『東京物語』とも重なる。佐田啓二の艶歌師は、兄が復員兵として帰ってきたせいで居場所がなくなり田舎から出てきて、病気の妻を抱えながらギター片手に稼いでいる。自分の心から離れていく息子の代わりとして、春子は何くれとなく彼をひいきにしていた。彼の持ち歌の「湯の町エレジー」が繰り返し歌われるのだが、とりわけ春子を聞き手にして熱海の夜景をバックに歌う場面は印象深い。自殺した彼女を最後に悼むのが、その艶歌師と高橋貞二が演じる口の悪い板前だけとなる。追悼曲もやはり「湯の町エレジー」だった。「血の関係」よりも「他人の関係」のほうが温かいという結論であり、『東京物語』ともどこか通底する。

いささか大げさなタイトルに思える『日本の悲劇』は、日本のどこにでもある、ありふれた悲劇という意味で、日々生まれてくる悲劇のことだ。それも「戦争」という直接的な原因よりも、戦う敵が見えなくなった時代の、もっと内側から生まれるタイプのものだった。伊東温泉の競輪や株式投資が、不確かな状況を打開する手段として描き出される。それとともに春子が頼りにするのは「一生懸命勉強すれば他人を見返せる」という価値観であった。子供たちにその実現を願って努力をしたのだが、春子は自分が産んだその子どもたちによって見捨てられてしまう。洋裁学校にも行き英会話もできる姉と、医学部に入り医者の家の養子になる弟という「他人となってしまった怪物」を育て上げてしまう。それは『東京物語』で子供への期待を「親の欲目」と周吉が諭す言葉とは別次元のものとなっていた。やはりこの点にいちばん強く小津は反発したのだろう。それにしても子供たちの職業が医者とファッション関係というのは、医者の幸一と美容院の志げを連想させて興味深い。男女が手に職をつける代表がこの二つとみなされていたわけだ。

逆境でも生き残るたくましさを持ちながら、親子の断絶という答えのない苦悩を抱える春子を望月優子が熱演していた。後に社会党の代議士になったことで知られる望月だが、小津映画には二度出ている。『お茶漬の味』(一九五二年)で、望月は笠智衆のパチンコ店をやっている「平山定郎」の妻である。そして『小早川家の秋』(六一年)では名もない農夫と妻の役で、やはり笠と望月の二人が出ていた。川向こうの焼き場の煙を見て、野菜を洗っていた川辺から立ち上がると「なあ、あんた、だれぞ死んだんだわ。煙出とるわ」と妻が言い、「ああ、出とるな」と夫が応じる。そして夫が「死んでも死んでも、後から後から、せんぐりせんぐり生まれてくるわ」と言うと、「そやな、ようでけとるわ」と妻が応じるのだ。これはわざわざ望月の口を通じて、『日本の悲劇』に対して小津なりにひとつの返答をしたように聞こえる。

『お茶漬の味』での望月の役名は「平山しげ」となっていたが、『小早川家の秋』では杉村春子が「加藤しげ」を演じる。こうした「しげ」つながりなので、杉村と望月の間に通底するものを小津が読み取って配役したともいえる。他にも東山千栄子も高橋豊子(別名とよ)も「しげ」という名の女を演じたが、原節子や三宅邦子は演じないのだから、どうやら「しげ」を担う女優のイメージが小津のなかにはっきりとあるのだろう。それは決して主役にはならないが、確かな生活感を持った人物として登場する。小津映画が持つ人工性を過剰にしないためにバランスをとる役目を担っていた。

「燦めく星座」と「ラバウル海軍航空隊」

『東京物語』の中の「湯の町エレジー」が終わるあたりで、宿泊客が歌声に誘われるようにしだいに外廊下へと出てくる。そのとき皮肉めいた「楽」という文字だけがはっきりと点滅するネオンサインは旅館の看板らしい。軒下の艶歌師の歌に客たちが聞きほれるショットがあって、三人組が歌っている場面がアップになる。次に歌われたのが「燦《きら》めく星座」である。これは他の音が重なる「湯の町エレジー」の場合と異なって、観客に歌詞をきちんと聞かせる歌となっている。

男純情の愛の星の色
冴えて夜空にただひとつあふれる思い
春を呼んでは夢見てはうれしく輝くよ
思い込んだら命がけ男のこころ
燃える希望だ憧れだ燦めく金の星

何故に流れくる熱い涙やら
これが若さと云うものさ楽しじゃないか
強い額に星の色うつして歌おうよ
生きる命は一筋に男のこころ
燃える希望だ憧れだ燦めく金の星
（JASRAC出1511010-501）

佐伯孝夫作詞、佐々木俊一作曲による戦前のヒット曲でありながら、戦後もGHQの放送禁止歌にもならず、再発盤がすぐに出されるほどの人気があった。だから、戦前の歌であると同時に、戦後にも通じる歌としてここに引用されていても不思議ではない。

この歌は一九四〇年の千葉泰樹監督の『秀子の応援団長』に挿入するために作られた。ヒットしたのは、同じメンバーが作った主題歌である「青春グラウンド」のほうではなくて「燦めく星座」のほうだった。「青春グラウンド」は軽快なジャズバンドの伴奏がついた曲だが、歌詞の内容が野球に密着しすぎていたのと「打つ」とか「勝つ」という攻撃的な言葉のせいでいまひとつ共感を得なかったのかもしれない。

主演の高峰秀子は子役に始まり晩年まで現役で活躍した稀有な女優である。失業したサラリーマンの娘役で八歳のときに『東京の合唱』（三一年）に出演していた。戦後の『宗方姉妹』にも、行動的で何かというとすぐに舌をぺろりと出す妹役で出ている。小津は高峰との個人的な付き合いもあり、成瀬巳喜男の『浮雲』での演技を見て、代表作になるだろうという内容の手紙をわざわざ送っているほどである。

この映画のタイトルの「応援団長」とは野球の応援団長である。高峰秀子人気にあてこんだ冠映画だが、巨人軍、大阪タイガース、阪急軍など、実際の球団やスタルヒンなど「外国人選手」の姿も登場する。「職業野球九チーム総出演」というのが売りでもあった。ヒーローにあたるのは虚構のアトラス球団の人丸投手で、これを灰田勝彦が演じ、高峰はセーラー服の女子学生である。野球好きの彼女は私設応援団を作り応援歌を歌い、連敗の球団を救うマスコットとなる。

映画の冒頭で、巨人軍のライバルであるアトラス球団が今シーズン弱いのは、「主戦投手の大川君を戦場に送ったため」と実況中継のアナウンサーが説明する。映画が作られたのは真珠湾攻撃以前なので、「大川君」が向かった戦場は小津も戦った中国戦線かもしれない。主題歌の「青春グラウンド」の歌詞は、野球での「打つ」とか「勝つ」のはずなのに、同時に「敵を討つ」という意味合いを含んでいた。

これでわかるように野球はアメリカ伝来の球技であっても、十分に日本化していた。マキノ正博監督の大日本麦酒《ビール》のPR映画『泡立つ青春』(一九三四年)は、都市対抗野球が舞台だが、当時の球場の熱気がわかる。そして戦争末期の山本嘉次郎監督の『雷撃隊出動』(四四年)では、南方戦線で戦闘機の機材が配備されないので戦えないまま、アメリカ軍の空襲の合間にキャッチボールを楽しむようすが描かれたりする。野球が敵側のアメリカ発祥のスポーツだという意識はどこにもない。「鬼畜米英」を叩くはずなのに、渡辺邦男監督の『決戦の大空へ』(一九四三年)のなかで、予科練の生徒たちがイギリス発祥のラグビーに興じているのにも似ている。

野球を題材にした映画はアメリカからいろいろと入ってきた。松竹の若手である小津たちが影響を受けた喜劇王の一人、ハロルド・ロイドは『ロイドの野球』(一七年)で、はじめてトレードマークのロイド眼鏡をつけた。彼はホームランを打っても、恋人を客席に連れ込んだ恋敵を殴りに向かってしまい大混乱になるという人物を演じて笑いを取っていた。小津の友人の清水宏監督の『大学の若旦那』(三三年)ではラグビーだったように、カレッジライフとスポーツはつきものだった。もっとも清水の趣向自体も『ロイドの人気者』(二五年)のアメフトものなどから題材をもらった結果である。

野球に関して小津は人並み以上の関心を持っていた(もっともテレビもパチンコもない時代の大船の娯楽は所内の野球だった、と井上和男は回想している)。五一年に『麦秋』で関西ロケをした際、小津組は大映京都撮影所チームと野球試合をしているし、五七年には里見弴《とん》の古希と大佛次郎の還暦を祝うために、後楽園で行われた野球大会に選手として出場して、アキレス腱を切ったりもしている。野球映画の挿入歌だったという連想があったかもしれないが、「燦めく星座」がここで歌われた理由はやはり戦争の影である。主題歌である「青春グラウンド」に比べると「軟弱」なせいで歌詞も変更になったほどだが、そのおかげでGHQから否定されずに、戦後も流行歌となった。灰田勝彦と高峰秀子はその後『銀座カンカン娘』（一九四九年）で共演している。

おそらく周吉の世代にとって、この歌は麻雀の音と同じように騒音でしかない。「燦めく星座」が太平洋戦争直前の「青春ソング」だとすると、この歌に素直に反応した世代に属しているのは戦死した昌二となる。しかも、四〇年には紀子は十五歳で、まさに聴いて育った世代となる（ちなみに原節子は二〇年生まれなので、『東京物語』を演じたときには三十三歳で、紀子の設定年齢より五歳年上であった）。夫の昌二は常識的に彼女よりも年上だろうから、歌が流行したときには学生か、ひょっとするとすでに会社で働き始めていたかもしれない。その「燦めく金の星」に託した希望が潰えた原因がまさに戦争だったのだ。

戦争は文化生産物に大きな影響を与える。父親が広島出身のハワイ移民で、日系二世として生まれた灰田勝彦は、「日本人」であることを過剰に背負った。大学に入るために兄弟で日本にやってきて、兄と作ったハワイアンバンドを背景に、「お玉杓子は蛙の子」のようにハワイアン音楽を日本化する試みを行った。そして、「マニラの街かどで」や「ジャワのマンゴ売り」といった大東亜共栄圏を感じさせる歌を歌ったのも、天性の明るい声とハワイ育ちが持つ外部性にあった。太平洋戦争突入後の代表作となったのは、四三年に続けて発表した「加藤隼戦闘隊」や「ラバウル海軍航空隊」である。しかも「ラバウル海軍航空隊」を作詞したのは「燦めく星座」と同じ佐伯孝夫だった。

銀翼連ねて南の前線
ゆるがぬ護りの海鷲たちが
肉弾砕く敵の主力
栄えあるわれらラバウル航空隊

数をば恃《たの》んで寄せくるただなか
必ず勝つぞと飛び込む時は
胸にさした基地の花も
にっこり笑うラバウル航空隊

海軍精神燃えたつ闘魂
いざ見よ南の輝く太陽
雲に波に敵を破り
轟くその名ラバウル航空隊

沈めた敵艦墜とした敵機も
忘れて見つめる夜ふけの星は
われに語る戦友《とも》の御霊《みたま》
勲は高しラバウル航空隊

（JASRAC出1511010-501）

並べてみると同じ作詞者らしく「燦めく星座」と「ラバウル海軍航空隊」には「星」をめぐるイメージのつながりがあるが、これは偶然ではない。「燦めく星座」の最初の歌詞が軟弱だとして書き直しが命じられたのは、「星」というのが軍人にとって階級をしめす重要な指標となるからだ。

流行歌などの文化創造の領域において、作り手や歌い手に戦前と戦後に連続性がある。国家総動員体制が文化的な力へと及んだなかで、文学者や映画製作者の「戦争協力」や「戦争責任」をどのようにとらえるのかが戦後、問題となった。たとえば、小津が敬愛する志賀直哉は、一九四二年二月十七日に「シンガポール陥落」をラジオ放送した。アメリカの経済力を打破したのは「精神力」だったとして、「親英米」などありえないと息巻き、「若い人々に希望の生まれた事も実に喜ばしい。吾々の気持は明るく、非常に落ちついて来た。謹んで英霊に額《ぬか》づく」と結んでいる。半藤一利は「この〝文学の神様〟の言葉に、日本人が等しく同感したであろうことはいうまでもありません」といささか皮肉めいたコメントをしている（『15歳の東京大空襲』）。

「神様」とされる志賀の影響力は絶大なものがあり、多くの文学者がその文章を規範にしたほどである。有名な例として小林多喜二が自分の小説を読んでもらいイデオロギーを優先する「主人持ちの文学」はだめだ、という批判を受けたりもした。志賀は左翼文学者も目標とするような作家だったのだ。その志賀は戦後になって「日本語を廃止してフランス語にしよう」という、戦前なら国辱的とされる発言をして物議をかもしたが、これは「シンガポール陥落」を語ったと同じ人物の言葉とは思えない。

もっとも「シンガポール陥落」をよく読むと、志賀は「謙譲」という言葉を三度繰り返していて、勝って兜の緒を締めよ、という戒めも含めている。文脈上は、戦って勝利を続けようと鼓舞する内容だが、おごり高ぶる帝国主義的な欲望に抵抗を試みているようにも受け取れる。志賀の戦争加担に関しては、断罪するだけでなく免罪の材料もそろっている。このあたりの評価はなかなか難しい。

たとえば『日本の悲劇』で小津が対立する木下恵介は、国策映画『花咲く港』でデビューし、『陸軍』（一九四四年）の最後で出征する息子を追いかける母親を登場させて話題になった。「女々しい」とされて軍部から批判もされたが、軍部へ可能な限り抵抗したと言える（＊3）。国策映画とは言い切れない側面を描いたとして現在では評価が高まっているし、舞台裏を実写映画にした原恵一監督の『はじまりのみち』（二〇一三年）も作られた。だが、やはり戦争協力体制のなかで作られた『陸軍』は、広い意味での「ファシズム映画」（佐藤忠男）という評価がなされても仕方ない。ちなみにここにも田中絹代、杉村春子、笠智衆、東野英治郎という小津映画におなじみの面々が出ている。

それに対して、小津は結果として戦争協力の国策映画を作ることがなかった。シナリオ段階でお茶漬を食べるなど「女々しい」とされた『お茶漬の味』をはじめとして企画した映画が次々と中止になったせいである。ビルマ戦線を描くはずの『遙かなり父母の国』も、インド独立をテーマにした『デリーへ、デリーへ』も中止となった。戦前の最後の作品である『父ありき』においても、修学旅行で生徒を死なせてしまった教師である父親の負い目を息子が浄化していく展開が中心で、彼は教師になるのであって、戦場に赴くわけではない。

小津の戦争加担の意識をめぐって與那覇潤は『帝国の残影』のなかで、「中国」の記号が戦後の小津映画に隠れているようすを丹念にたどってみせた。それは従来の「とんかつ」（＝西欧）と、「お茶漬」（＝日本）の対立で読み解く小津とは異なって、「ラーメン」（＝中国）との関係から読み解く小津像の提出だった。だとするとシンガポールを軸とする南方風味というのも、もうひとつ考慮すべき要素となるはずだ。

小津がシンガポールで見た、ハリウッド映画のなかの南方のイメージの描き方ともつながるのかもしれない。ジョン・フォードの『果てなき船路』は西インド諸島が、ウィリアム・ワイラーの『月光の女』ではマレー諸島が描き出されていた。とりわけ撮影をグレッグ・トーランドが担当した前者は、『怒りの葡萄』や『市民ケーン』とともに小津のローアングル好みに大きな影響を与えたとされる。戦争こそが小津の表現を広げたのだ。

しかも戦争の影として重要なのは、周吉をはじめとする、にっこりとした笑顔の扱いにある。志賀が感じた「明るさ」や「ラバウル海軍航空隊」の歌詞にある「にっこり笑う」という表現が映像において果たす役割は大きい。佐藤忠男は『日本映画思想史』の中で、戦前の戦意昂揚映画と戦後の民主主義映画の連続性を検討していた。戦意昂揚映画で「敵」の姿がきちんと描かれない裏に「いかにしていさぎよく死ぬか」が重視され、「欲のない、すがすがしい微笑を見せることによって讃美された」日本的な戦意昂揚があり、それは民主主義映画にも引き継がれていると指摘する。

佐藤は批評のメスを入れるべき重要な点としてこの笑顔をとらえ、執筆した一九七〇年の時点でとりわけ「やくざ映画」と「特攻映画」にそうした笑顔があふれている、と言う。これは「莞爾《かんじ》として笑う」という表現ともつながる。小津の題材が戦争の「暗さ」に向かうと、映画としての評判が悪くなるのとも関連してくるだろう。では、『東京物語』において、戦争の影はどのように描かれるかと言えば、周吉たちが熱海から帰ってきた後のエピソードによって明らかになる。

3　三人の男たちと軍艦マーチ

尾道から来た男たち

『東京物語』で描かれる尾道出身の東京組は平山家だけではない。周吉が東京へ来たもうひとつの目的は、尾道時代の知り合いとの再会だった。年賀状のやりとりから住所をメモしてきたのは台東区に住んでいる代書屋の服部だった。熱海から早々に帰ってきた周吉ととみに、長女の志げが追い出しを食わせたことで、服部への訪問が現実化する。もっとも、なぜ夫婦は他人の家に厄介になることだけを念頭に置き、上野界隈にもあるはずの木賃宿に泊まろうとしなかったのか、といった現実的な問いは虚構である物語の流れを無視した野暮な疑問となるだけだ。

周吉が訪問した服部夫婦はどうやら「十七、八年前」に東京へ出てきた。ということは戦前から東京に住み着いている。台東区に居を構えていて、両大師橋を渡った場所から御徒町にかけてのどこかに位置するならば、ひょっとすると幸運にも空襲で焼け残った場所だったのかもしれない。それでも周囲には戦争の爪痕が残っていたはずだ。その光景は店先のようすがアップされるだけでわからないし、服部の家からは隣の家のようすがたえず見えているのは、縁側や窓が開けっぴろげの職人の町の一角のようだ。

服部は周吉と同じ市役所勤めだったのだが、六十八歳という設定年齢から逆算すると恐らく五十歳の定年を機会に故郷を離れたことになる。服部夫妻との会話がいちばん事細かに尾道の日常に触れている。尾道が戦災に遭わずに、かつて服部たちが住んでいた西御所のあたりもそのままだったというのは、現在は戦災を受けた町に住んでいる服部への慰めでもある。

そして服部の近所に住むという、先輩にあたる元警察署長の沼田を招いて、合流した三人で飲むことになる。沼田は、息子が印刷会社の部長をしていて楽隠居という触れ込みだったが、実際に会ってみると、息子は係長でそれは虚勢だった。妻を亡くしてしまった沼田は、かつての妻の姿を連想させるという理由でご執心の女将がいるおでん屋へと連れて行く。彼ら三人の共通の話題は、「梅ちゃん」という芸者をめぐり、尾道にやってきた知事と競った話だった。もはや時効といってもよい過去のちょっとした艶ごとの告白でもある。

この男たち三人組が会話を交わすようすが、後に『彼岸花』や『秋日和』でおなじみとなる旧制高校三人組の原形とも言える。過去の回想だけが生存理由になって、あとは繰り言を述べるのが「老い」だとすると、彼らはその手前でまだもがいていて、悪巧みを考える仲間としての「おじさま」（中野翠）たちということになる。彼らは他人の息子や娘の縁談話に口を挟むことで一種の暇つぶしを楽しんでいる。軽薄で性的なジョークを放っても、かつてのような生の勢いを持てない状況にあるのだ。

軍艦マーチとパチンコ

シナリオでは周吉たちが集まる店の場所は上野広小路と指定されていた。小津が愛したとんかつの蓬萊屋がモデルとされたりもするが、彼らが食べているのは別にとんかつではない。小料理屋の二階で飲んでいる場面になっている。ここを紹介するショットで提灯の「酒」の字の中で、なぜかサンズイを抜いた「酉」だけがアップになるのだが、一九四五年が干支《えと》で「乙酉《きのととり》」の年であることを考えると、わざとであろう。

かつては生まれた年の干支で実年齢を告げたり、年上かどうかを確認してきた。日本を舞台にしたハリウッド映画である『SAYURI』（二〇〇五年）のなかで、祇園に連れて来られた九歳の千代が年齢を置屋の女将に尋ねられると、「酉年の生まれ」と代わりに使用人が返答していた。今ではこうした習慣が消えたのでわかりにくくなったのだ。

注意すべきなのは、「温泉マーク」のネオンサインがついた旅館が店の背後にあることだ。当時の上野に天然温泉があったはずもないので、これはいわゆる「さかさくらげ」であり、連れ込み宿の印である。それがこの一帯の雰囲気を語っている。成瀬監督の『稲妻』には、渋谷に温泉宿として「さかさくらげ」を作る話が出てくる。次女がそこの帳簿づけをするという話の展開になっていた。映画の中ではその後のラブホテルにもつながる施設が有望な投資先となっていた。

もっとも都内に「温泉」を名乗る施設があるのは明治からの名残で、荷風の「上野」（一九二七年）によると、駒込追分に「草津温泉」、根岸に「伊香保」、向島秋葉神社に「有馬温泉」という温泉宿があったという。酒宴を張ったり、女性を連れ込むためのものだった。それが『東京物語』の中で竹村家に知事が来たときの「梅ちゃん」の話とのつながりを感じさせるのだ。小津はネオンサインを映画に効果的に取り入れるが、熱海の温泉でも看板の「楽」のネオンが見えるだけだった。看板の文字の一部だけを見せるのはひとつの手法で、堀切の駅のショットでも駅名以外にも隣駅の名前が見えるのでようやく特定できる。

服部の家から小料理屋までの場面は、『東京物語』において室内は「死」であり、室外は

「生」という四方田犬彦の指摘が当てはまる（「『東京物語』の余白に」）。四方田は映画の最後の周吉の家の構造を指してそう述べたが、ここにもつながっている。老人たちが自らの老いの自覚と死んだ子の年齢を数えるような回顧にふける話をしている外では、連れ込み宿で密会か売春が行われている。その証拠に、女性がなにやら動き回っている姿がシルエットとなって見えていて、列車が通り過ぎるあわただしい音がときおり聞こえるのだ。

そこに軍艦マーチが流れてくる。軍艦マーチとは通称であって、一九〇〇年に作られた行進曲「軍艦」のことである。外から届くので、明らかにパチンコ屋の店頭音楽である。この連想はすでに服部の家で始まっていた。生活のために二階の部屋を貸していて、法科の学生が借りている。こうした部屋貸しはありふれていた。『東京物語』とベストテンを争った五所平之助監督の『煙突の見える場所』でも、主人公の夫婦は借りている家の二階の二間を賄いつきの下宿にして金を稼いでいた。これは戦後の住宅不足を解消する方法でもあったし、なんとかして自宅を手に入れたい者にとって資金稼ぎの方法だった。

服部が行う代書屋の商売だけでは成り立たない戦後の東京での生活を彷彿とさせる。間借り人は「小母さん、井坂が来たら、すぐそこのパチンコ屋にいるって、そう云ってくださいい」と言い捨てて出て行った。パチンコや麻雀にうつつを抜かしている法学部の学生で「親御さんも大変だ」と服部に言われるほどである。このパチンコ屋の景気づけの音楽として、軍艦マーチが流れる。前作の『お茶漬の味』でパチンコ屋を登場させたように、小津は社会風俗を取り込むことにためらいがない。芸術映画を志向して見たくない対象をすべて排除するわけではないのだ。だからこそ「さかさくらげ」のような風俗も取り入れる。もちろん取り入れ方が問題であって、小津映画は暗示するだけで内実に踏み込まないため、微温的な態度で歯がゆいと見なす否定的な意見も出てくる。

しかも軍艦マーチの音楽は「海」や「川」をひそかにテーマとするこの映画にとって別の意味合いを持つ。まったく海が映らない東京の場面で軍艦マーチが鳴り響くことで、不在の海、それも外洋が思い起こされる。「もう戦争はこりごりじゃ」と服部が口にして他も賛同する。ここから静かな「反戦」というメッセージを読むことはいちおう可能である。だが、描き方はもう少し複雑である。若者にとってパチンコ店の呼び込み音楽でしかなくなってしまった「軍艦マーチ」だが、一定の年齢より上の人には当然訴求力を持っていた。背後にずっとそれが流れながら話をするのは、もちろん意図的なわけである。

熱海での眠れない夜を過ごしたあとで、尾道に帰ることを決意した周吉にとって、今回の旅のもうひとつの目的が、尾道時代の知り合いである服部を訪ねることだった。周吉が尾道で考えていたのは、子供たちの家の訪問以外にはこれしかない。観光バスに乗ったことも、あくまでも志げに頼まれた紀子が思いついたという付随的な扱いで、自分たちで案内なしに東京の中を歩き回ることもないのは、子供たちの生活のようすを見るのが第一の目的だったせいだ。そもそも周吉たちは「東京観光」を目指していなかった。

周吉、服部、沼田の三人は、戦前の尾道で若者たちを戦場に送る側にいた。いちばん直接かかわったのは「兵事係」だったとされる服部である。兵事係とは赤紙を直接応召者に手渡す役目で、一人ひとりの確認を行い戦場へと送り出した立場の人間である。その因果なのか、彼は二人の息子を失っている。周吉は教育課長だったという以外に具体的な言及はないが、服部と仲がよかったのも、同じような立場にいたせいだろう。少なくとも反戦主義者ではなかったはずだ。しかも周吉の末娘が小学校の教師になっているのにも、何か教育畑のコネを感じさせる。周吉は次男を戦争で亡くしている。そして三人目の沼田は元警察署長であって、息子はいるが亡くしてはいない。あるいは彼がいちばん強いジレンマを感じているのかもしれない。息子を戦場に行かせないように努力した可能性もあるので、そこまでして救った息子が出世できないことに、いらだちが募っているのだと理解すると、彼の失望の強さもわかってくる。

二軒目のおでん屋に場所を移して話は続く。ここの女将の加代の着物の袖の模様が白黒映画のせいで、まるで喪章のように見える瞬間がある。彼らが痛飲せざるをえないのは、何よりも戦争加担や戦死といった忘れたい過去の思い出があるせいだが、同時に子供たちを諦めているからである。服部が二人より先に酔いつぶれてしまうのは、彼らと語り合う息子たちについての戦後の記憶を持たないせいである。

もっとも沼田の息子も係長どまりで、東京は上がつかえているから出世できないと言い訳をしている。その発言に関して沼田は息子が意気地がなくて、敢闘精神もないと憤慨する。「敢闘」とは最後まで戦うことであり、「闘魂」とおなじく、よく戦争中に使われた言葉である。しかもその息子が自分の妻に遠慮して、独り身になった父親をないがしろにすると沼田は嘆くのだ。彼らの背後に流れる軍艦マーチは、彼らに対する応援歌でありながら、同時に彼らの現役時代を葬送する曲にもなっているのだ。

酒に酔って眠ってしまった服部の横で、周吉と沼田が言い合いになる。ここに十年前の一本の映画を補助線として重ねたくなる。それは木下惠介監督の第一作となった『花咲く港』（一九四三年）である。古川緑波《ロッパ》一座のために菊田一夫が書いてヒットした劇を映画化したものだ。九州の甑島《こしきじま》を舞台に、かつて造船所の夢を打ち砕かれた男の遺児だという触れ込みで二人の詐欺師がやってきて、造船所設立の株券を売りつけて村人をだますはずだったのが、太平洋戦争の勃発で船を造る話が実際のものとなってしまうという皮肉な内容だ。詐欺師を演じるのは小沢栄太郎と上原謙なのだが、他に笠智衆、東野英治郎、東山千栄子、大坂志郎が出ている。『東京物語』は、まるで彼らの同窓会のように見えてくる。

そのなかで、戦争のために船が必要だとして全財産を投資しようとする笠が演じる馬車屋の社長と、金利を気にして船が沈んだら大損だと抵抗する、東野の演じる網元が言い争いになる。最後はアメリカの潜水艦に自分の船がやられたことで、網元も全財産をつぎ込んで造船の夢にかけることを決意した。

もちろん『花咲く港』は別の映画だから『東京物語』と関係ないと切り離すこともできるだろう。けれども、小説と異なるのは、映画では俳優が演じる登場人物に対して、観客が俳優についての映画的記憶を踏まえて理解してしまう点にある。とりわけ勇ましく大日本帝国のために造船を力説し、進水式では軍服を着ていた笠の姿に、『父ありき』の老け役とは違う面を見ることができるのだ。こうした過去のいきさつが他ならぬ周吉（笠）と沼田（東野）の間にもあったかのように連想されてしまう。芸者の「梅ちゃん」をひそかに張り合っていた形でしめされるのが両者の軋轢なのである。しかも造船の話と「軍艦マーチ」は相性がよいではないか。

さらに「愛国行進曲」が「軍艦マーチ」とおなじく瀬戸口藤吉によって作曲されたことも連想されてくる。「燦めく星座」の灰田勝彦も「愛国行進曲」を吹き込んでいた。各社競作であり全国的にキャンペーンが展開された歌だったので、レコード会社も主力の歌手を投入したのだ。ところが、「見よ東海の空明けて」と戦意を昂揚する直接的な歌詞を持っていた「愛国行進曲」のほうは忘却あるいは封印されてしまった。それなのに「軍艦マーチ」のほうはいまでもパチンコ屋の客引きのメロディとなって生き延びている。

『東京物語』で流れるのが「軍艦マーチ」のメロディだけなのが鍵となる。なぜなら、歌詞を暗記していたり知っている者には、無意識のうちにメロディに歌詞を載せて何らかのメッセージを読み取ることが可能となる。だが、知らない者にはそれは調子のよい曲でしかない。実際、阿川弘之は小説『軍艦ポルカ』のなかで、アメリカ軍の軍楽隊が「ポルカ」として「軍艦マーチ」を演奏していることを小説に書き記していた。歌詞の内容まで踏まえた演奏ではないからこそ、メロディは文化の境界線を超えてしまえるのだ。

小津映画で「軍艦マーチ」がもっと露骨に登場するのは、結果として遺作となった『秋刀魚の味』（一九六二年）だった。笠智衆の役は元艦長で、現在は横浜の工場に勤務する管理職の一人である平山周平である。船の煙突を連想させる煙を吐く五本の煙突が映し出され、たえず会社の構内を走る列車の音がしている。周平はひょんなことで再会したかつての部下の坂本に連れて来られたトリス・バーで、水割りを飲みながら軍艦マーチを聴く。坂本は「艦長さん、どうして日本負けたんでしょうね」と質問するが、それに対して周平は「さあ」としか返答しない。坂本は戦後の苦労を口にするが、「勝ったら、艦長、あなたも私も今頃ニューヨークだよ。パチンコ屋じゃありませんよ。本当のニューヨーク、アメリカの」と言う。「負けて苦労した」と「負けてよかった」とみなす意見が交錯するのが、ここでの軍艦マーチに対する扱いだった。六〇年安保後には、もはや戻せない過去の出来事とみなせば、「軍艦マーチ」の曲に合わせて敬礼をして楽しむこともできるのだ。

『秋刀魚の味』で東野英治郎が演じる男は、「ひょうたん」とあだ名され、かつて漢文の教師だったのに今はラーメン屋の主人になっている。中国つながりというわけだ。店を手伝う娘も結婚できぬままでいるので、『一人息子』で笠の演じた教師が、とんかつ屋になった以上に未来を感じさせない。四十年ぶりの同窓会では、かつて教師として権威を持っていばっていた男が、ぺこぺこと頭を下げるようになる。それは「ポンコツ屋」をやってたくましく戦後を生きている坂本という男が、かつての艦長と対等に話せる時代が来たのと同じで、「負けてよかった」わけなのだ。軍艦マーチは、ここでは変わってしまった日本の姿と結びつくのだ。

ところがそれに対して、十年前の『東京物語』での軍艦マーチは、過去とつながりが強い音楽となっていてニュアンスが異なる。軍艦マーチに応答している音楽が何かといえば、二つのアメリカの曲だろう。ひとつは映画の『駅馬車』に使われたテーマで、もうひとつはフォスターの曲となる。斎藤高順による映画音楽はメロディだけの純音楽であるが、この映画で利用される既存の曲としては登場順に、「駅馬車」のメロディ、「湯の町エレジー」

「燦めく星座」「軍艦マーチ」ときて、最後にフォスターの曲に歌詞を載せた小学唱歌の「夕の鐘」が使われた。

『駅馬車』のメロディ

熱海のシーンに先立って、周吉たちの孫の実が『駅馬車』のメロディを口笛で吹きながら階段を上がる場面がある。「燦めく星座」や「軍艦マーチ」とつながる音楽の使い方がすでになされていた。幸一の家で日曜日に出かけようと準備をしている家族に、実が「遅いなあ」と文句を言うと、父親に「よろしかったらそろそろ出かけましょうかって」と知らせるように言われて、実は意気揚々と二階に上がっていく。シナリオでは「口笛を吹きながら張り切って出て行く」とあり、必ずしも階段の場面ではなかったのだが、現在のショットになっている。

『駅馬車』そのものは一九四〇年に日本公開され、五一年にはリバイバル公開もされていた。だから実はこちらのほうで知ったわけだ。もっとも当時、土曜日は半ドンで午前は授業だし、日曜日もあまり外に連れて行ってもらえないので、ラジオや街頭放送で流れたメロディを覚えただけかもしれない。ジョン・フォードは小津にとってシンガポールで集中的に映画を観て、影響を受けた監督の一人だった。戦後すぐの「スタア」誌のインタビューで映画の名前を挙げている。そのまま題名を書くと『怒りの葡萄』『ロング・ヴォウェアヤアジ・ホーム（果てなき航路）』『我が渓谷緑なりし（わが谷は緑なりき）』『ト（タ）バコ・ロオド』『モホークの太鼓』それに『駅馬車』となる（『小津安二郎戦後語録集成』）。『駅馬車』は再見で戦前の公開時にも観たようだ。

戦後すぐに発表した「今後の日本映画」と題した文章で、『タバコ・ロード』や『怒りの葡萄』に強い関心をしめし、日本でも「現実と確と四ツに組んだ写実主義が製作本数が少ないながらもその主流になる」と予測していた。「スタア・システム」が衰微していく点も見越している。それは、戦前の松竹で撮影所のスターを使えずに、大部屋俳優だった笠智衆に代表されるような、脇役を演じる飯田蝶子や坂本武といった撮影所の役者や、杉村春子や東野英治郎など築地小劇場出身の新劇役者を使って映画を作ってきた小津にとって、アメリカ映画の演出の動きは納得のいくものだった。

そのなかで「駅馬車のテーマ」がどう響くのかといえば、ジョン・ウェインが出てはいるが群像劇であって、人間関係が重要となることに新しい可能性を見出し、そのなかで殺される「インディアン」に何らかの感情移入をしたのかもしれない。もちろん映画が描く主題のほうではなくて、『怒りの葡萄』について小津が述べていたように、あくまでもキャメラワークの見事さにひきつけられていたはずだ。

いちばん気に入ったのは、映像や主題とともに、これが本来寂しい調子のものを軽快に編曲した点だろう。「駅馬車のテーマ」は元は「おれを寂しい草原に埋めないでくれ」という歌としてふつう知られる。起源をたどるとアイルランド民謡に行き着くとされる。歌詞の内容は死にかけた若者が、ここに埋めないでくれ、というものだ。メロディだけならそうした点を気にせずに聴ける。アメリカの古い歌からメロディだけを取ってきて、陽気な曲に仕立て直したのが「駅馬車のテーマ」だった。映画の『駅馬車』には小津の好きなフォスターの「金髪のジェニー」も入っていたが、やはり中学生が口笛で吹くのは「駅馬車のテーマ」が似合っている。実こそは『東京物語』のなかで第三の世代に属するし、この曲は「スプリング・ハズ・カム」と音読をしていた少年にふさわしい。

フォスターと小学唱歌

音楽に対する小津の好みは明確である。斎藤が次作の『早春』のために作曲し、後に何度も使用された「サセレシア」が好例だろう。小津が愛した「サ・セ・パリ」と「ヴァレンシア」を足して二で割ったような曲である。監督から指定があり、斎藤が二曲の楽譜を取り寄せて似た点を発見し創作した(「斎藤高順「画面と音楽が相殺しない曲を」)。「サ・セ・パリ」はモーリス・シュヴァリエの歌で有名なシャンソン、「ヴァレンシア」はスペイン独自のサルスエラという形式の歌劇のために書かれ、アメリカのポール・ホワイトマン楽団が英語版を演奏して有名になった。どちらも一九二六年に作られている。音楽もヨーロッパ調のものが小津の趣味で、これが小津映画が広くヨーロッパで受け入れられる要因ともなっている。この「サセレシア」は、遺作となった『秋刀魚の味』でも、零落したかつての恩師がやっているラーメン屋に二万円のお金を持って笠智衆が訪問する場面で使われていた。小津は悲しい場面で陽気な音楽を使いたがった。

こうした小津の音楽趣味をたどる企画物となっているのが、オムニバスCDである「小津安二郎が愛した音楽」である。愛好していた音楽から「小津調」をたどる試みである。鎌倉文学館に寄贈された小津所有だったSPから「サ・セ・パリ」と「ヴァレンシア」の二曲を含め復刻した曲が集められた。そのなかにフォスターの曲がメドレーも含めて十四曲も入っている。これは映画で使われたせいである。

『東京物語』の下敷き作品とも言える『一人息子』では「オールド・ブラック・ジョー」が冒頭と最後に流れる。小津にとって最初のトーキー映画であり、音の入れ方も含めた計算がある。天国へ行くべく死を待つ黒人のジョーを歌った内容が、東京での息子のようすに落胆と安堵の両方を感じている母親の心境と重なるのだ。最後の場面で柵の扉が出てきて、フォスターの曲が流れる。工場の片隅に座り込んで呆然となる母親と、最後に海のほうを凝視する周吉とのイメージがつながっているのは間違いないが、フォスターの曲の使い方は『一人息子』とは異なる。

紀子が乗った東京行きの汽車を京子が見送るときに、小学校のなかで「夕の鐘」が流れる。正確に言えば、周吉からとみの形見の懐中時計をもらい紀子が嗚咽をしているところから歌は流れはじめる。音を先立つ予兆として挿入するこうした手法はありふれているが、小津も意外に利用している。フェイドインやフェイドアウトを嫌ったというので、画面ごとにきっちりと分かれているのだが、歌や音楽や音はショットをまたがって使用される。

「夕の鐘」は明治からある唱歌だが、一九四七年には「六年の音楽」に採用されたので、ここで歌っているのは六年生かもしれない。曲はスティーヴン・フォスターが一八五二年に作った「主人は冷たい土の中」である。作詞者は匿名のままだったが、現在では吉丸一昌だとされている。

昔の人いまや何処《いずこ》
おとずれ来て佇《たたず》めば

たそがれ行く空を辿《たど》り
通い来る鐘の声
家鳩の羽ばたきに
乱れて消ゆ軒のつま

翠《みどり》の風岸をそよぐ
川のほとりさまよえば
たそがれ行く路地を越えて
訪《おとな》い来る鐘の声
牧の子が笛の音に
消えては行く村はずれ

戦後版では「声」が「音」になったものもあるが、映画では原版が歌われている。そして「翠の風岸をそよぐ」までが歌われると、続きは列車の轟音にかき消されてしまう。「鐘の声」は寺町である尾道にふさわしいだろうし、「川のほとりさまよえば」以下が聞こえなくなるのは、深川からつながる海と川のイメージの系譜を考えると意味深にも思えるほどだ。

この歌は、幸一の家で流れていた祭囃子とも、演歌師の歌う「湯の町エレジー」や「燦めく星座」といった流行歌とも異なる小学唱歌である。この歌の使用について、キリスト教研究者の伊藤利行は「唱歌『夕の鐘』と映画『東京物語』――日本におけるキリスト教文化の受容と変容の一断面」という論を書いている。そこでは歌の使用から小津が元歌のキリスト教的な内容を理解していたのではないか、という可能性がしめされる。

だが、こうした歌にあるのは折り合いをつけて受容する「和洋折衷」の面だけではなくて、「和魂洋才」の願望が表れている。灰田勝彦が「燦めく星座」の前の一九三八年に歌った「いとしの黒馬《あお》よ」は、元歌は「エンプティ・サドルズ（人の乗らない鞍）」というビリー・ヒルが作曲した曲である。古い牧場に残った馬具や銃にかつての栄光をたどる歌だった。しかも冒頭のメロディは明らかにフォスターの「主人は冷たき土の下」から借用していた。ビング・クロスビーが映画『愉快なリズム』（三六年）のなかで馬に乗って歌ったものを早速取り入れた。

こうした借用は、カレッジ・ライフを描くロイド映画が流行したら、さっそく発想をもらって和製コメディを作っていた松竹蒲田時代の小津たちともつながる。キリスト教文化の受容だけではなく、その改変のほうに注目すべきである。灰田版の「いとしの黒馬よ」

の歌詞は、北支の冬の戦いで銃弾に倒れた軍馬をいとしむ内容になっている。つまり戦争の色合いを濃くすることで、歌詞は日本化したわけである。それは「夕の鐘」と同じである。メロディだけを借りて替え歌や別の歌詞が載ることを許すことで「和洋折衷」が「和魂洋才」に見えてくる。

私たちはフォスターの曲を「夕の鐘」として聴くときに、アメリカでの「主人は冷たい墓の下」の歌詞を気にしないですむ。南部の奴隷制を連想することはない。替え歌によって当初のものとは異なる歌詞をつけることもできる。「軍艦マーチ」が韓国では「反日歌」となり、「鉄道唱歌」が「学徒歌」として歌われている事例もあるのだ（谷村政次郎『行進曲「軍艦」百年の航跡』）。

先ほどの伊藤が論文のなかで指摘したように、唱歌としての「蛍の光」は賛美歌から採られたのだが、スコットランド民謡という言い逃れをすることでキリスト教色を脱色し、独自の歌詞をつけることで別の価値を高めた。歌いだしの一番の歌詞がもちろん有名だが、四番は「千島の奥も、沖繩も、八洲の内の、護りなり、至らん國に、勳《いさお》しく、努めよ我が背、恙無く」となる。最後の「我が背」は明らかに『万葉集』の「防人歌」から来ているわけだが、実際にはこの歌詞に確定するまでにいろいろな横槍が入ったものだ。さらに地名を台湾や樺太に変えながら歌われてきたのだが、そこに大東亜共栄圏の夢を容易に読み取ることができる（磯田光一『鹿鳴館の系譜』）。

灰田は「燦めく星座」のあとでアメリカ民謡の「峠の我が家」を一九四〇年に歌っている。「空の神兵」や「愛国行進曲」や「ラバウル海軍航空隊」といった軍歌や愛国歌謡も歌った灰田だが、小津のようにアメリカ文化との関係は根強い。メロディと歌詞の関係は、受容における形式と内容をめぐる難点をしめす。たとえメロディという形式を借りてきても、歌詞という魂を込めれば別のものになるという信念を持って使われていた。それは映画という外来の形式を借りても「日本的なもの」を描けるはずだと考えることにもつながる。だが厄介なことに形式を借りているうちに、内容のほうも変化していくのが文化の影響関係に他ならない。

『東京物語』には歌が持つ訴求力が感じられる。そうなった理由は「湯の町エレジー」のように『日本の悲劇』の扱いへの反発もあるのだろうし、斎藤高順に依頼した曲が映画のメインテーマだとしても、祭囃子や街頭の音楽のような風俗を取り込むことで、作品世界を作り出せると考えていたのだし、どこからか音楽が洩れ聞こえてくることが当時の建物では自然でもあったせいだ。現在のように楽曲が著作権法で守られ、家屋の密閉性が高い時代には、外への音楽の流出が減っているので、このような効果を得にくい。『東京物語』が表しているのは、音楽が共有され、同時にそれによって国民的なインパクトを持っていた時代の名残りでもある。

(1) この伝説をたくみに取り込んだのが、松林宗恵《しゅうえ》監督の『東京のえくぼ』(一九五二年)である。紀の國屋文太郎という、判を押すだけが仕事の大企業の跡取りが会社から脱出する物語である。バスのなかで文太郎をスリと間違えたヒロインが社長秘書となって、逃避行を助ける。彼女は下町から山の手の会社に通うOLとなるのだし、弟が家業の豆腐屋を継ぐが、父親は缶詰工場で働いて生計を立てているのだ。墨東に行方をくらますのだが、ロイド眼鏡をかけた上原謙の目つきの演技が光る。そしてヒロインの父親の紹介で缶詰工場で働き始め、そこで自分の会社の実態を知り、悪行を暴くことになる。

(2) 現在尾道城が千光山の上に建っているが、六四年に作られた歴史的根拠の乏しいコンクリートの建造物であって、生前の小津が見ることはなかった。また熱海城も五九年に作られるが、歴史的根拠はまったくない。現在の尾道と熱海の共通点は偽の城がそびえていることだが、小津映画の撮影のときにはどちらも存在しない。

(3) 木下の『日本の悲劇』が、小津の理解者であるとともに批判者でもあった映画評論家の岩崎昶《あきら》がプロデュースをつとめた亀井文夫監督の『日本の悲劇』(四六年)という同じ題の映画を意識していたのは当然だろう。亀井作品は実写フィルムや新聞の見出しとのモンタージュによって、もとの文脈や意図を読み替えて、天皇や軍部の戦争責任などをあからさまにしめしたので、吉田茂首相の指示で一週間で公開禁止処分を受けた。それこそが占領下の戦後も戦中と同じように言論の完全な自由がないことの証拠とされた。

第四章　紀子はどこの墓に入るのか

1　お盆と二つの死

東と西の文化

『東京物語』での東京と尾道という二つの軸は、東日本と西日本の代表にもなっている。二つの場所は、ややもすると「都会と田舎」とか「生と死」といった抽象度の高い区別で理解されることが多いが、東西の文化的な差異を持っている点も忘れてはならない。同じ「向島」と書いて、隅田川沿いは「むこうじま」だが、尾道では「むかいしま」と呼ぶ。こうした地名の呼び名のように日常の感覚から違いを持っているのだ。

小津自身が東京の江東区深川の下町生まれでありながら、父の実家のある三重県の松阪で十代を過ごし、また東京の実家に戻って映画を撮るようになった経歴からも、東西の文化の違いに敏感にならざるをえなかったはずである。『東京物語』にもかかわらず、いやまさに「東京の物語」だからこそ、この小津映画にはいくつもの方言やアクセントが登場し、それが性格づけに利用されている。

映画の尾道弁の箇所は、最初のシナリオの段階では標準語で書かれていたが、現地の宿で示唆を受けて語尾などを変更した。三男の敬三が職場の上司と話すのは大阪弁になるし、それは尾道に帰ってきても変わらない。さらに、同じ東京の言葉でも、幸一が身につけている習った標準語の感じと、妻の文子や紀子の話す山の手風、そして、志げと庫造の歯切れのよい下町風とが使い分けられている。

小津映画では各地の言葉づかいが溶け合わずに渦巻く。言葉づかいの種類には階級や性別だけでなく、ローカルな地方色も加わっている。小津映画を理解するには言葉づかいにも敏感になる必要があり、ショットの構図だけで特徴を論じるのには限界がある。確認できた英語の字幕でも、さすがに方言のローカル色まで訳し分けてはいない。言葉の差異に鈍感なままで、一元化された共通点だけを手掛かりに『東京物語』は海外で理解されてきた。最大公約数的な把握がグローバルに流通するときに、言語的な差異や色合いはまっさきに切り捨てられてしまう。

しかも日本における東と西の文化の違いを考えると作品の解釈が変わる部分が出てくる。周吉たちを東京に迎えたときに、ご馳走として「お肉」だけで「おサシミ」は要らないと退ける。「いやいらんだろ」と幸一が言い、「お肉だけでたくさん」と志げが追随する。これを、子供たちがけち臭さくて親をないがしろにする態度と読み取っただけでは物足りない。もちろんそうした実利計算があるのは間違いないが、志げのぞんざいな言い方に別の気持ちが混じっている。

たしかに志げは父親に対してかなり屈折した気持ちを持っている。とりわけ父親が酒に酔って母親を困らせた過去について完全に許してはいない。だが口の悪さがそのまま本心を表しているという理解はあまりに単純だろう。自分の母親を「ばばあ」と言ってのけていた小津である。深川生まれの江戸っ子気質の「照れ」を持っている。信頼できる杉村春子に志げを任せたことで、こうした言葉の二重性が表現できたのだ。

志げも母親に対しては恩を感じている。熱海の旅館から帰ってきた母親のとみが「おサシミに茶碗むし」と食べたものを挙げると「おサシミ、おいしかったでしょ。あすこ海に近いから」と志げはすかさず力説する。相模湾に面した熱海の魚がおいしいのは、「海に近い」つまり海沿いの港町のせいである。尾道のショットで漁船を捉えていたのは、彼女たち平山家が育ったところが港町だと説明している。港で育った者が魚の鮮度や味に関してどう思うのかは、都市部や山間部に住んでいる人にはなかなか想像できない。港育ちにとって生臭さを持つ魚など考えられないのである。しかも一九五三年は現在よりも魚の鮮度を保つ技術がずっと劣っていた。

それに魚の好みや味つけほど故郷の記憶と密接に結びつくものはない。比喩的であっても「秋刀魚の味」とか「お茶漬の味」にこだわった小津である。とみの葬式の後で平山家は精進落しの会食をする。尾道の老舗の竹村家をモデルに撮影された。竹村家の名前自体は「知事さんが尾道に来た」話を周吉が旧友たちとするときに出てきた。映画の撮影時の宿泊所ともなり、シナリオの台詞の尾道弁への修正に、そこの主人に協力してもらった店である。内部をセットで再現したときに使われた器のすばらしさなどの視覚的な要素は話題になるが、料理の素材や味つけが尾道の郷土の味であることがまず重要なはずだ。集まった家族が久しぶりにふるさとの味を堪能する。それが、この「一族再会」の場面の持つ意味でもある。

そのなかでただ一人、彼らの思い出話や形見分けの会話に参加できない紀子は、同時に尾道流の味つけがわからずに、義母であるとみからも家庭文化を継承できなかった者として疎外されている。竹村家の味に尾道への郷愁を覚えるはずもないからだ。八年前と逆算すると、夫の昌二が亡くなったときに紀子は二十歳だったので、平山家の家庭文化を継承しないままに「未亡人」として東京で暮らしてきた。

周吉たちが熱海に行く前に、観光バスで東京見物をしたあと、紀子は自分のアパートでご馳走として店屋物をとる。この丼の味つけが、はたして周吉やとみの口にあったのかは、虚構上の食物とはいえ心配になる。しかも紀子は勧めながらも「お口に合いますかしら」

ではなくて、「おいしくないでしょうけど」と、少し断定的な表現をとるのは、彼女として精いっぱい張り込んだ丼への謙遜だけではないようにも聞こえてくる。

今以上に東西の味つけに差があった時代なので、とみが丼の蓋を開けても箸を遊ばせて、なかなか口をつけないのは遠慮からかもしれないが、もしも天丼だったら黒い江戸前のたれの色に驚いているのかもしれない。それに対して周吉は酒の肴として、ピーマンの煮たのを口に運び酒をおいしそうに飲んでいる。これは食べ物に対してというよりも、旅先で解禁状態になって久しぶりに酒にありつけた喜びを感じているせいだ。

幸一や志げの「おサシミ」忌避は、築地市場を経由して届く東京の魚が、目の前に漁場のある環境で育った尾道の人間にとって、さほどおいしく感じられない事実に根差している。瀬戸内の魚で育った者には、鮮度だけでなく魚の種類についても不満は大きい。周吉が再会し旧交を温めたときに、「東京へ来てからは、鯛もサッパリ食へましェんわ」と服部が嘆く。豊漁のときには美味の魚を安く食べることができるのが港町での生活の基本だが、台東区に代書屋を構えて生活のために二階を貸している状況の服部には、金銭的にも旬の物を味わうことが到底かなわなかった。鯛以外にも平山家の隣で干しているタコもそうだが、穴子なども尾道の味は江戸前とはずいぶんと異なる。東と西では魚の調理法だけでなく食べる魚の種類の違いも大きいのだ。父親の寅之助が海産物問屋「湯浅屋」で働いていた小津が魚の味にうるさくなかったとは思えない。そうした文化的な背景の上での「おサシミ」忌避だったとすればある程度納得もいく。

もっとも松阪で育ち、老舗の和田金の松阪牛の肉を取り寄せてスキヤキを食べていた小津安二郎にとって、東京の一般のスキヤキがご馳走に思えたのかは疑問である。実際一九五三年一月十七日の日記には「朝和田金の牛肉のすきやき」とあって、これがシナリオ作成のときに念頭にあったのかもしれない。朝からスキヤキなのも驚きだが、たとえそれほどの高級な肉でなくても熟成が重要であって、魚のような鮮度が問題にならない点では、おサシミよりはましなのかもしれない。そういえば、『宗方姉妹』で妹の満里子が「お金持ちになったら神戸に住んでやろうかな。スキヤキはうまいし」と口にするのも、肉好きの小津が言わせたようにも思える。それに『麦秋』でも最後に食べるご馳走はスキヤキである。小津にとってハレの日のごちそうは、やはりスキヤキでなければならなかったのだ。それにおサシミに比べて、みなでひとつの鍋をつついているという共同の意識が感じられる食べ物である。

七月はお盆を迎える季節

この映画に表れている東西の違いとして、もうひとつ重要なのが、「お盆」をめぐってである。東京の下町では新暦の七月十五日をお盆とみなしているが、多くの地方ではひと月遅れの八月十五日をお盆として扱っている。だからこそ墓参のために夏休みの休暇をとって帰省することになる。先祖の死者の霊を迎えるお盆と重なるので、いわゆる「終戦記念日」が日本人にとって大きな意味を持つことになった。これは『東京物語』の根底ともつながる。

『東京物語』の舞台を七月の頭にもってきたのは、毎年の芸術祭参加という責務がある以上、十一月三日には公開しなくてはならず、逆算すると春から初秋までが撮影時期となるせいである（つまり完全に冬を舞台にした作品はなかなか作れない）。ただし、七月十日には周吉ととみが尾道に帰っているので、お盆を前にした時期という表現がふさわしい。お盆には死者の霊が帰ってくるわけだが、誰の霊を迎えるかといえば、平山家にとってはまず何よりも戦死して不在となった昌二に他ならない。それは『麦秋』で亡くなっている省二とも共通する。もうひとつ、この間に新暦で行われる行事として七夕があるわけだが、これもまた「天の川」という隔たりを渡る年一回の逢瀬の話だった。それは紀子と昌二にとってもふさわしい時期だと言えるだろう。夏が近づくと死者たちのことを一つひとつ思い出していくのだ。

しかもオールスターゲームのポスターが平山医院の案内看板の横に貼られている。これが他ならない、この映画が一九五三年を舞台にしている証拠となっている。この年は前年と異なり三試合が行われた。ポスターにあるように後楽園球場で始まり、中日スタジアム、甲子園球場と進むはずだった。だが、後楽園（七月一日）のあと梅雨空のせいで試合ができずに番狂わせで甲子園（六日）、中日（八日）となってしまった。最後の試合はナイターで行われた。画面で日程をこっそり隠しているのはそのせいかもしれない。いずれにせよ、周吉ととみの滞在期間がオールスターゲームと重なっている。『秋刀魚の味』でも野球の中継を画面で見せるほどの野球好きの小津が導入した季節感の表現となっている。

昌二が亡くなって八年ということを周吉たちは確認する。だとすると七回忌はとっくに終わっているはずで、映画の舞台となっている年に大げさな法事はない。そもそも七回忌をきちんと尾道で行った形跡がない。もしもやっていれば紀子と久しぶりに会った感じがするはずはない。東京で七回忌を行ったとすれば、それが東京を訪れる機会になったはずだ。もちろん小津の父母の遺骨が高野山に埋められたように、埋葬地が尾道とは限らないだろう。だが平山家にとっての菩提寺や墓は映画のなかできちんと描かれている。ただしそれは、とみの遺骨を納める場所としてであって、昌二の件については描写されないままである。周吉が、とみの形見となる懐中時計を取り出してくる場所について、シナリオには「仏壇」という指定があるのだが、実際の映画ではそれとは別の箪笥にしか見えない。

お盆を迎える季節であることを、映画のなかでは煙を立てている蚊取り線香がはっきりと告げている。これは団扇とともに夏の風物詩であって、身近に存在しているので小道具として使われても違和感はない。だが、日常的なものだからこそ、画面の隅々にまで美意識がはっきり働いている小津映画でも積極的に取り入れられているものに入る。

片岡義男が指摘するように登場人物が扇子や団扇であおぐ姿は確かにしつこいほどである（『彼女が演じた役』）。熱海の旅館でも客は団扇を使っているし、平山一族は大半が使っているが、文子と紀子という「外から来た嫁」は団扇を使わない。正確に言えば、紀子が団扇であおぐのは周吉ととみに対してであって、尾道でも次女の京子は床についたとみに対して行っている。この映画には団扇を自分のためには使わない人々がいて、それも特定の女性ばかりである。全員が団扇を使って暑さを避けているわけではない。竹村家のセットでは扇風機が活躍しているので、喪服姿の平山家の面々は団扇で扇ぐ必要もない。もう一箇所、扇風機が活躍するのはうらら美容院のなかだが、これはあくまでも商用であって、電気代の節約のために志げは自分のためには団扇を使っている。

団扇は暑さよけに使われるだけではない。周吉がせわしなく蚊を追い立てるしぐさが何度か出てくる。煙を立てる蚊取り線香はもちろん実用性を持っている。戦前の『出来ごころ』では、浪花節を聞いている最中に客席に蚤が飛び回り、大騒ぎになる場面が描かれたように、冷房もなかった時代には今よりも虫が身近だった。「蚊柱」は永井荷風の下町ものによく出てくるが、下町だけでなく日本中でよく見かけたものだ。日本人の体に取りついていた蚤やしらみを駆逐したのが、進駐軍が散布したＤＤＴだったことも今ではすっかり忘れられている。

ここで問題となるのは蚊である。暑さをしのぐためにふつうの家庭には扇風機すらなく、開けっ放しで夜風を通すしかない。それがこの映画の中で、家の内の隣の部屋のようすや、さらには隣の家の壁までが見通せる理由なのだ。もっとも、十九世紀の幕末ごろから、豚などをかたどった焼き物の蚊遣器が使われてきた。焼き物好きの小津ならそうした配慮があってもよかった気もするが、皿の上に置かれたむき出しの渦巻きの蚊取り線香が使われている。おそらく今もある緑色のやつだ。

じつは蚊取り線香に使われる除虫菊自体がヨーロッパからやってきた外来種で近代の産物なのだ。しかもそこから立ち上る煙が、どこか仏壇やお墓に立てる線香にも似る。これが単なる添景としての小道具ではないのは、別の角度から撮影したときにも、線香の燃え具合が同じになるように計算されている点からもわかる。明らかにひとつの意図があって統一的に使われているのだ。しかも除虫菊の一大生産地こそ尾道の因島《いんのしま》だった。「寺が多い町」と「除虫菊」の話は林芙美子の小説にも出てくる。紀子がお酒を借りに行った家庭では、赤ん坊の「ミコちゃん」が虫よけの網の中に入っている。蚊に限らず虫も多くて、食べ物に蝿がたかるのを防ぐ「蝿帳《はえちょう》」という言葉が出てくるが、耳からではわかりにくいだろう。そうした虫除けのなかで自然に見える蚊取り線香が、同時に死者に捧げる線香に見えてくる。

蚊取り線香は、周吉ととみが幸一の家に到着して、スキヤキのご馳走を終えた団らんの場面でまず登場する。夜になって皆が浴衣姿でくつろぐなかで、煙を立てるのである。とみの頭の上にくる照明器具は、どこか盆提灯を連想させる形をしている。そして、彼らが尾道の話などをしている間に、背後で篠笛と鳴り物による静かな曲がずっと流れていく。荷風が百貨店の広告音楽として忌み嫌った「東京音頭」のような近代的な派手な踊りの曲ではない。祭礼のために近所で夜中に誰かが練習しているという設定なのだ。そして彼らが眠りにつくと、画面は空いっぱいに広がる細かなうろこ雲のあるショットを挟んで、うらら美容院へと場面が転じる。この空が映るショットのところまで篠笛の曲が続くのでイメージが続いていることがわかる。

この印象的な「うろこ雲」のショットは、あまり七月初旬のものとは思えない。うろこ雲は俳句の季語でわかるように、ふつう秋をしめし、台風のように天候が悪化する兆しとなる。この季節の雲としてふさわしいのは、尾道から東京に移るときに見える六本の煙突の上にある積乱雲のほうである。うろこ雲は、このあとの変化の予兆としても利用されている。『麦秋』でも、父親の周吉が踏み切りに立って娘の紀子の結婚の行方について思いを馳せるときに似たような雲が浮かんでいた。それは映画における次の波乱の予兆となっているのだ。堀口大学訳の「空のうろこ雲脂粉の女の美しさどれも長くは保ちません」というジャン・コクトーの詩を小津は愛していて『美人哀愁』で少し違った形で引用している。

井上和男が『麦秋』に関して「上野の公園で菅井さんと東山さんが、子供が飛ばした風船の行方を追って空を眺める所、あれ、蕪村の〈いかのほり昨日の空のあり所〉ですよね、ボクの好きな句です」と直接小津に向かって言ったのを否定しなかった（「うで玉子くふ塘眠堂」）。ときには俳句の絵画的な凝縮力を場面の創造に利用している。しかも和歌や連歌の持つ芸術志向とは異なり、俳句や連句が日常の笑いや下品な対象も取り込んでいる点が好みに合ったのだろう。たとえば『麦秋』で一家が揃った最後のご馳走としてスキヤキを食べた後、次男が立ち上がると「どこに行くの」と質問されて、「うんこ」と答えるところに現れている。『お早よう』のおならのギャグにも通じる。短歌的叙情よりも俳句的諧謔を好んでいるのだ。

小津映画をどこか真面目くさった形で「禅」や「俳句」とみなすのは誤解に思える。諧謔味を併せ持つのが「俳諧」だし、「禅」がユーモアやナンセンスを含むのも知られるところだ。芭蕉の『奥の細道』には「湯殿山銭ふむ道の泪かな」とか「象潟や料理何くふ神祭」という曽良の句が採用されている。「銭ふむ」とか「料理何くふ」という表現は志げを代表とする平山一家の現実感覚とつながるではないか。もちろん芭蕉本人だって「蚤虱馬《のみしらみうま》の尿《ばり》する枕もと」という痛烈な句を残している。深川生まれで俳句好きの小津が芭蕉を意識しなかったはずがないが、こうした芭蕉たちの現世へのまなざしに共感したのだろう。自分でも「みづがめのなまこに似たる夜寒かな」とか「このわたののどにからまる夜寒かな」という句を残している小津である（『小津安二郎・人と仕事』）。

夏を表す蚊取り線香は、尾道でのとみの危篤の場面でも登場する。夜になって敬三をのぞいた家族がそろい、医者に診てもらっているときに燃えている。それは翌朝の死の床となった場面にも姿を見せるが、もはや煙は立てていない。そして、いちばん最後に周吉がひとり悄然として海を見やるときには、団扇で蚊を追い立てているそばで蚊取り線香が燃えている。日常的なものでありながら、お盆の印になるように、また死者への手向けとなるように蚊取り線香は扱われているのだ。

昌二の死と、とみの死

母親のとみの死そのものは、私たち観客にとってそれほど唐突な出来事ではない。志げが「お母さんまた大きくなったんじゃない」と言うように、前よりも太ったことが知られ、脳溢血になる危険性が増大していた。熱海では堤防のところで立ち上がるとふらついてしまい、帰りの列車のなかでは気持ちが悪くなり、途中下車して三男の敬三の下宿に泊めてもらう。観客からすると、とみの変調から死への流れは予告されたとおりに進行する。だが、家族にとっては突然の出来事だった。

映画の流れを見ていくと、東京に出てきてからのとみには、「次男」への一種の偏愛あるいは固着がある。二人の孫の次男のほうである勇が遊んでいるときに、一方的に「医者になるのかい」と声をかけるところから始まっている。映画のなかでとみのこの問いに応じる立場にいるのは、試験対策で熱心に英語を勉強する長男の実のほうだろうし、彼ががんこなのは「幸一の小さいときにそっくりだ」と周吉の口からも出てくる。だとすると、祖母の言うことに耳を傾けずに無心に遊ぶ次男である勇の姿は、医者にならずに会社勤めをした次男の昌二とつながってくる。

　ここに小津自身の親や長男といった家族へのコンプレックスを読み取ることもできるが、たとえ自分をモデルにしても客観視できている点に注目すべきである。志げの家から追い出されて、周吉は服部のところへ向かい、とみは紀子のところに泊めてもらう。そして寝る前に「思いがけなく昌二の布団で寝させてもらった」と紀子に礼を言う。つまり、八年前に亡くなった昌二の布団が紀子のアパートにまだ残っている。これこそが死者の遺品であろう。紀子が完全に昌二のことを忘れられないでいるのは、写真を飾り布団をそのままにしているせいでもある。

　息子が使っていたのと同じ布団に寝たことで、とみと昌二がある意味で一体化したわけである。だから、この後で描かれるとみの死は、周吉の妻で幸一たちの母親の死でありながら、かつて平山家に突然やってきた昌二の死を映画の上で再演している。この映画が観客にエモーショナルなものをかき立てるのは、別個である二つの死を重ねて読み取れるせいだろう。映画の表面で語られる物語はとみの死でありながら、昌二の死を追体験している気持ちに襲われるのだ。

　前作の『麦秋』では、「省二」の死があくまでも物語の外にあり、乗り越えられる対象として作られていた。彼の死を償うように、紀子は亡くなった兄の友人で子持ちのやもめとなっている医師と結婚して、秋田へと向かう。千円の少し高いショートケーキが伏線になって、兄嫁と「これからは節約競争をする」と誓い合う結末となる。そこには家族の死にこだわりを持ちながら封印するよりも、家族が乗り越えていく姿が印象的である。

では『麦秋』になくて『東京物語』にあるのは何かといえば、母親の死の前景化である。ただし、『父ありき』での心臓発作で亡くなる父親の場合とは異なり、死の瞬間そのものは描かれない。観客が見るのはいびきをかいて目を覚まさないとみの姿と、臨終のあとで顔に布をかけられた姿でしかない。「お母さん、おだやかな顔だよ」と幸一が遅れてやってきた敬三に声をかけるのだ。長女の志げも母親があまり苦しまないで亡くなったという点に救いを求めている。それは家族の死が穏やかなものであってほしいという願望とつながっている。この映画のなかでは昌二の死の具体的な状況はわからないが、家族が願ったのはたとえ戦死であっても穏やかな死だったはずである。

2　手紙と電報と

戦死公報と昌二の死

この映画には昌二の位牌や墓が出てくるわけではない。紀子の部屋の箪笥の上に置かれていた鎌倉に遊びに行ったときに撮影した写真は、軍服姿ではなくて背広とネクタイ姿である。画面上とりたててアップにされはしないが、その写真から戦争の影は消されている。遺影となるわけだが、まるで背後霊のように部屋のなかの紀子を見守っている。それを発見した両親はにこやかな笑顔を紀子に見せる。ここからうかがえるのは、「あたし年取らないことに決めていますから」という言葉どおりに紀子の部屋が時間の経過を封印していることだ。

死者の気配に満ちた部屋のなかで、とみが「昌二がまだそこら辺におるような気がする」と口にするし、周吉が「とうに亡くなっているよ」と言っても必ずしも納得しない。この会話から、昌二は実際に死んでいなくて戦死公報が来ただけではないか、と読む者もいる（中澤千磨夫『小津安二郎・生きる哀しみ』）。確かにわざわざ周吉が念を押すのはどこか変に感じられる。「とうに亡くなっている（はずだ）よ」と補うと、そういう疑問も出てくる。家族は実際に昌二の死体や遺骨を見たわけではなく、遺品も届いていないのかもしれない。そして紙切れ一枚だけが戦死の根拠の場合もありえるのだ。

昌二がいたのが、ガダルカナルなどの激戦地だった場合に、身元確認が果たしてどこまで正確にできたのかは怪しい。DNA鑑定などなかった時代の話で、遺骨といえども他人の骨である可能性も皆無ではない。しかも戦争末期になると戦死公報さえも遅れがちになっていた。「生きて虜囚の辱めを受けず」と述べる戦陣訓を字義どおりにとると、「戦時捕虜（POW）」は存在せず、戦死者か生還者しかいない。だから、昌二が生きていてほしいというとみの願望と、死んでしまっているという周吉の諦めとが、この台詞のやりとりで交差していると、中澤のように解釈もできる。

だが、最終的にはとみも息子の戦死の事実を認めているに違いない。なぜなら昌二がまだ生きていると考えているのならば、紀子への再婚の勧めは重婚をうながすこととなり、道義的な問題が生じるからだ。紀子の「戦争未亡人」という現状の根拠は昌二の死に他ならない。しかも昌二は小津映画のなかでもシナリオに「戦死」と、はっきり記されている数少ない人物である。死が明記されている以上、「そこら辺におる」というとみの台詞は、子供の死を納得できない母親の感情の乱れとみなせる。そうした錯誤こそ幽霊や亡霊として過去がとりつくようすを語っている。生きている者の近くに死者が寄ってくるのは、お盆という季節、そして敗戦の八月の記憶という二重写しが迫っている時期とつながる。その時期が近づくと日頃忘れていても少しずつ過去を思い出すのだ。

もちろん昌二の死が誤報であって、そのせいで本人が帰還してくる可能性がまったくないわけではない。それは平山家に戦死の報せがどのような形で届いたのかにかかっている。兵事係だった服部が定年で退職していなければ、もしかすると彼が公報を持ってきてくれたかもしれない。いったい昌二の遺骨や遺品はあったのだろうか。判断すべき材料や痕跡が映画内にはない以上、映画内の事実関係として追求することはこれ以上無理であるが、傍証は多少ある。

戦地に出かけた昌二に小津安二郎が投影されているのだとすると、現実の小津は戦地に行っても母親のもとに戻ってきたのだし、戦死公報が出たわけではない。しかし家族が消息を知ることは簡単ではなかった。小津の戦場での無事を映画のニュースで知ったという手紙が母親から届いたと、戦中日記に記されている（三九年一月二十五日）。手紙はこの時点では十日くらいで戦場まで届いている。それでも間接的なメディアによってかろうじて小津安二郎の安否が家族にもわかる状況だった。もっとも小津が映画監督としてそれなりに有名だったからこそ起きたことである。

やはり戦中日記のなかにあるが、宿泊するための書類に名前を書いたら「小津安二郎、松竹の監督と同じ名前ですね」と指摘されて「そうらしいです」ととぼけている（一九三九年五月十三日）。諧謔味を帯びた受け答えだが、映画監督でさえも記憶されるのは名前だけで顔は覚えてもらえない。ましてや「平山昌二」という無名のサラリーマンならば「一兵士」として忘却される可能性は高い。彼が死んだ場所すら映画のなかでは曖昧なままである。

もしも死んだはずの兵がひょっこりと戻ってきて、本人かどうかの判別がつかないほど変貌していたらどうなるのか、という点を踏まえたのが、この映画の公開直前に横溝正史が連載していた『犬神家の一族』だった。五一年に完結したこのミステリーの根幹にあるのは、マスクをかぶっている男の正体が母親が言うようにビルマ戦線で戦ってケロイド状の傷を負った息子なのかにある。当時この小説がリアリティを持ったのも、戦地からの復員兵が増えて、死んだはずの人間が生きているという話があったせいだ。戦争未亡人となった妻が夫の兄弟などの別人と再婚していたという話は、しばしば小説や映画に利用される。それは戦争がもたらした悲劇のひとつだった。

たとえば『東京物語』同様にお化け煙突が印象深い、五三年の五所平之助監督の『煙突の見える場所』が、まさにこの戦争未亡人問題を扱っていた。荒川区の土手の下にある「高級とは言えない」住宅地に住む人々、つまり幸一たちと似た家に住む人々の話である。主人公となるのは足袋屋に勤める男と、競輪場でバイトをしている戦争未亡人だった妻、その二階に間借りをしている若い男女である。隣には子沢山《こだくさん》のラジオ屋や、祈禱所を開いている夫婦がいる。

ところが戦争未亡人だと思っていたのだが、じつは彼女の亭主が生きていて、その現在の妻が産んだ赤ん坊が主人公たちの家に置き去りにされたことで騒動が起こる。お化け煙突が、見方によって煙突の本数が違って見えるように、同じ出来事が視点によって解釈が変わっていき、また時代によってあり方が変わっていく。ひょっとするとこの映画の設定への応答が、小津が新興住宅地を扱った『お早よう』(一九五九年)だったのかもしれない。その証拠といってよいのか何だが、三好栄子がどちらにも出ていて、五所映画では祈禱所で法華経を唱えていたが、小津映画では産婆をやって仏壇にお経を唱えたりする。

それに兵士ではないが戦後に戦地から帰ってきた者の話について、小津は大佛次郎原作の『宗方姉妹』(五〇年)で扱っていた。松竹を離れて新東宝で撮影したものだが、このなかで二人の姉妹の気を引いた田代宏はフランスなど外地を見てきた男だが、今は神戸で店を開いている。それに対して三村亮介は満州国でダム建設の夢を抱いて挫折して帰ってきた。映画の前半で片目に包帯をしている三村の姿は印象深いし、とりわけ猫をあやしながら、猫が「不人情なところが好きだ」というのはすごみがある。

三村が妻の浮気をうたがって顔をなぐる場面は有名だが、その後あっけなく本人は死んでしまう。だが残った妻は田代と結婚はしないのだ。三村を山村聰が演じているのだが、この鬱屈した演技を踏まえて『東京物語』の長男を見ると、「もっと賑やかなとこ」へ出たいと願っている場末の医者という地位に屈折を感じていながら、別の形で戦争を潜り抜けてきた男として見えてくる。『宗方姉妹』のように日本に帰っても居場所が見つからないという展開は小津にとって無縁ではなかった。外地からの帰郷をめぐる問題は、戦中は中国戦線から、戦後はシンガポールから帰ってきた小津自身の問題でもあった。

戦争中の『戸田家の兄妹』では、戦地から帰ってきた次男が、身内が自分の親をないがしろに扱っていたことに憤っていた。これはそのまま小津自身の身内における騒動とつながるとみなす解釈もある。それが昇華された形で『宗方姉妹』では扱われた。同じ大佛次郎原作の『帰郷』のほうがシンガポールとのつながりもあるが、こちらは大庭秀雄監督によって一九五〇年に映画化されている。主人公を演じたのは『戸田家の兄妹』で中国戦線から帰還する主人公を演じていた佐分利信だった。『東京物語』での昌二は死者なので帰還兵ではないが、こうした雰囲気をたたえたなかで扱われている。

情報が錯綜する

『東京物語』は帰還兵問題だけでなく、戦争中に死を知らせる情報伝達がもたらした混乱について、とみの危篤を通して描き出している。私たち観客の心を捉えるひとつの仕掛けがここにある。昌二の死に関して起きたかもしれない過去の出来事が、とみの死をめぐる現在の出来事を通じて表現されている。すでに確認したように、紀子の部屋で同じ布団を使ったとみの死は昌二の死を想起させるか、少なくとも重ね合わせられるように用意されている。映画が持つメタファーの力は、台詞による喚起以上に、イメージを重ね合わせたりほのめかす。登場人物の台詞によって言及されるしかない昌二の戦死を、目の前で起きているとみの死と重ねてみせるのだ。

とみの死をめぐる情報の錯誤は、幸一が尾道から来た手紙を読むところから始まる。妻の文子に「お父さんお母さん、帰りに大阪で降りたんだよ」と消息を教え、気分が悪くなって途中下車した話を妻に伝えるが、回復して尾道に無事に到着したことやお礼が書かれていると言って無事だと告げる。心配した文子に幸一は「当分、東京の話で持ち切りだろう」

とまで言う。そこに志げからの電話がかかってくる。それによると京子から電報があって母親のようすが変だという内容だった。幸一が手紙の内容との違いに不審がっていると、そこに電報が来て「ハハキトクキヨウコ」とあって彼らは現実を知ることになる。そして紀子にも連絡して、彼らは周吉たちを見送ったのと同じ便の列車に乗って尾道に向かうことになる。周吉たちは途中下車したが、彼らは京子が腕時計で確認して迎えに行った時間にきちんと到着したようだ。

ここに描かれているのは、大阪下車という予想外の出来事があっても、最終的には尾道に無事到着したと知らせて安堵させている手紙が、突然外からやってきた電話や電報によって裏切られるようすだ。通信のスピードの速さの違いがこうした混乱を招く。列車が速くなって尾道から東京へと到着するまでの時間が短縮されたことに驚いたとみの話ともつながる。現実を知らされる場合に、電話や電報が、手紙という旧来のメディアの速度を追い抜いてしまったことで、矛盾する二つの現実があると感じられてしまう。とみが一時的には大阪で落ち着いて元の状態に戻ったように見えたのは確かだが、最終的には尾道で発作を起こして危篤状態になってしまった。

手紙と電報の関係はそのまま昌二をめぐる話とつながってくる。軍事郵便として送られてきた手紙は、ときには戦場のようすを細かに書くことは許されずに検閲され、作戦遂行中の場所がわからないように時間をかけて配達されていた。戦況が悪くなるにつれて郵便事情も悪くなるし、検閲も厳しくなる。小津の戦場からの手紙も、一九三八年や三九年の時点では割合自由に書けていた。問題は、戦場からの手紙を受け取ってどうやら無事にやっていると安堵したときに戦死の知らせが届く、といったずれが生じることだ。何よりも配達人が持ってくる電報が不吉な知らせとして扱われている。商売の道具として必要な幸一の医院や志げの美容院と違い、ふつうの民家である尾道の平山家には電話がなかったものと思われるし、京子が知らせる手段としては電報のほうが手軽で安かった。

昌二という死者への忘却は、竹村家で行われた精進落しの場面ではっきりとしめされている（それにしても参列者が含まれていないのは少々解せないが）。集まっているのは喪服姿の身内だけだが、葬儀のあとなので当然ながらとみの思い出が語られる。竹村家の二階から花火を見たときに、敬三がまだ幼くて孫の勇と同じようにとみの膝で寝た話や、大三島への旅行のときに、とみが船酔いしたと話が出る。どちらにも昌二がいたはずだが、その言及はない。家族は「あの時」の話をするのだが、全員がぽっかりと空いた穴を見ないようにしている。そして自分が寄りかかるべき昌二の話が出ないと、共有すべき思い出を持たない紀子は口を挟めず、黙ってそこに座って食事をするしかない。家族が食卓につくというのは小津映画でおなじみだが、家族から排除される紀子の姿がはっきりと見える場面となっている。紀子は東京で別の時間を生きてきて、いつまでたっても平山家に溶け込むことがないのだ。

3　日本標準時と不在の京都

時計と列車の関係

『東京物語』には時計の姿や時間への言及が出てくる。周吉やとみの懐中時計も登場するし、列車の時刻表の話もある。それに、観光バスで銀座を走っているときに見える服部時計店の大時計は午後一時十五分を、品川駅の待合室の時計は午後八時二十五分を、敬三が出勤すると職場の時計は午前九時過ぎを指している。京子も腕時計をちらちらと見て列車の到着時間や通過時間を確認する。

どれも日常的な描写ではあるが、それ以上のものに思えるのは小津が時計好きのせいである。イギリスのベンソン社製の懐中時計を持っていて、それは鎌倉文学館に残されている。同じく遺品として収められたパテック・フィリップの腕時計は『浮草』(一九五九年)を撮影したときに大映の社長からもらったもので、『東京物語』当時ははめていなかった。

周吉のように懐中時計を取り出して時間を見ていたわけだ。

もっとも、時計以外にもメカニカルな動きやシンクロする動きへの偏愛が散見する。『小早川家の秋』の最後で、焼き場からの帰り道で渡る橋の上で、並んで歩く原節子と司葉子の母と娘の喪服の着物のすそが白く翻るようすがシンクロする。NADAKOGAが取り出したように通行人や店員が歩くスピードまでが同じタイミングであり、じつは会話の間もいつでもおなじ十コマずつだと編集助手だった浦岡敬一は述べている(「小津調のリズムを生むコマのつなぎ」)。映画の中で流れる時間をその場にゆだねるのではなくて、徹底的に管理する形で小津映画が出来上がっている。自然に見える部分もすべて作為の結果なのである。

動くものを支配し秩序づけるのが時間である。いわゆる鉄道マニアが生まれるのも、秩序感を与えてくれるからに他ならない。列車は時間どおりに来ることが義務づけられているし、一両一両に形式や製造由来が数値や記号によって表記されている。近代の産業に必要な時間を軸とした運行をしめす定刻と、数値による分類が整っているのが列車なのだ。鉄道は時刻表に従って動くからこそ信頼を得てきた。周吉が全国版の時刻表をめくって「これじゃと大阪六時じゃな」と到着時間を述べるのが『東京物語』の第一声となる。急行で十五時間ほどで尾道を出て東京に到着する(現在の新幹線なら新尾道から東京までは乗り換えが必要だが四時間くらいだ）。午後六時には大阪を通過するが明らかに夜行で、とみが「昨日尾道ゥ発って、もう今日こうしてみんなに会えるんじゃもんの」と驚くほどの速さで動いている。

小津所有の台本には、時刻表から書き写したとおぼしいメモが残っているが、そこにある尾道一時発の列車は午前つまり真夜中のものだった。ひょっとすると、夜中に運行する列車を昼間に見立てて時間配分を考えたのかもしれない。日本で松本清張の『点と線』（五八年）のような鉄道を使ったミステリー作品が成り立ち喜ばれてきたのは、列車が時刻どおりに走行するせいだった。鉄道旅行は予定を立てやすい。ましてや映画のなかで見える東武伊勢崎線や紀子が通勤に使っているはずの電車は秒単位の時刻表を厳守している。

そもそも映画では時間がフィルムという形で空間化される。映画の所要時間は、撮影から上映まで、フィートやメートルという長さで語られる。『東京物語』なら35ミリフィルムで三千七百二メートルとなる。映画と鉄道との類似点はここにある。ヴィム・ヴェンダース監督の『東京画』（八五年）に出てきたが、小津は特注のストップウォッチを持っていて、それは時間だけでなく35ミリと16ミリのフィルムの長さが表示された。その結果、フィート単位で時間が見える。しかも映画の「編集」と列車の「編成」は似ている。ショットの長さを計算し、組み立て、編集するのは、列車の車両を入れ替えて走らせるようなものだ。

列車も一本のレールの上を動いていくが、編成によって意味合いを変えてしまう。『東京物語』だって、最初の貨物列車と最後の旅客列車とではイメージが大きく異なっているではないか。

日本標準時子午線

日本はタイムゾーンがひとつしかないため、国内を移動して時差を感じることはない。日本列島は南北に細長いので、北海道と沖縄では日の出や日没の時間がかなり異なるが、同じ時刻で物事が進んでいく。『東京物語』の中で東京と尾道の間に時差を感じることはない。日本標準時に統一されているために、幸一たち東京の人間の家でも、敬三が勤めている大阪の国鉄でも、京子が教えている尾道の小学校でも、全国で時計は同じ時刻を刻んでいる。この点に疑問を持つ観客は一人もいないはずだ。日本を統一している時間は同一の尺度で測られているはずだ。

ところが、アメリカのような国は本土だけでも四つのタイムゾーンを持っていて、時間に対する感覚は日本と大きく異なる。東海岸標準時下にあるホワイトハウスで重大な発表をしても、カリフォルニアでは三時間もずれるのだ。もちろん地理的に離れたアラスカやハワイだとその差は大きい。旅行をするとアメリカ国内であっても時計を調整しなくてはならないので、ときにはそれが悲喜劇を招く。『東京物語』と同系列の物語とされるロバート・デ・ニーロ主演の『みんな元気』（二〇〇九年）で、妻を亡くした後に五人の子供たちを次々と訪問する老齢の男が、途中で長距離バスに乗り遅れたのは、国内での時差を調整しなかったせいだった。その勘違いに老いを感じさせるとともに、親子が違う時間帯を生きている感覚を観客に与える。

それに対して日本標準時は、周知のように兵庫県明石を通っている東経百三十五度の線を基準にしている。イギリスのグリニッジ天文台からの距離が、そのまま時差として認識されてきた。現在は時間を測定するために仮想された経線を基準にしているが、おおよその話としては、経度が十五度ずれると一時間の時差があると考えることで済む。単純に三百六十度を二十四で割った数値である。これよって、オーストラリアのように遠く離れた国であっても、そこの東部標準時と日本とに時差はない。つまり同じ経度上にある国は同一の時刻で動いている。

こうした標準時という考えそのものが、明治維新以降の国民国家を作り上げていく「近代化＝西欧化」の産物でもあった。「皇紀二千六百年」として自分の暦を取り戻そうとしても、いくら「鬼畜米英」と叫んでみても、グリニッジに支配される時間の規範を変更することはできなかった。そのシステムのなかで私たちは戦争をし敗北し、今も生活をしている。そもそも太平洋戦争の開戦時にまつわる汚名は、開戦の通告が相手に届いたのかを最終確認できないまま、予定時刻どおりに攻撃を開始した点にあった。戦争などで作戦前に時計を合わせるのは、何か事を起こすときに必要な措置だが、同じ時間を生きているのがその前提だった。

だから、この映画で明石を挟み、東西を行き来する旅がスムーズに進行するのは、国内の時刻がきちんと管理されているせいだ。もっとも今の私たちが日本標準時に時刻を合わせるときに、いちいちグリニッジや明石を参照するわけではない。日本標準時は東京の小金井にある独立行政法人情報通信研究機構がセシウムを使った原子時計で決めている。そして電波時計ならば、福島と熊本の二箇所の発信地があり、それによって調整される。一九六七年に天文から原子へと大げさに言えば望遠鏡の世界から顕微鏡の世界へと時刻の基準が交代した。『東京物語』の頃には明石に根拠があった。

東京、熱海、大阪、尾道が同じ時刻表示のもとで生活を営んでいる事実を明らかにするのが、鉄道で各地が結ばれる姿に他ならない。かつてはアメリカ製の懐中時計が国鉄の標準装備だったが、それが服部精工舎製（現在のセイコー）に代わっていった。この映画でも日本の標準時をしめす象徴として、銀座四丁目に服部時計店の大時計がそびえている。現在でもテレビのニュースなどでの街頭ロケ地に使われる。服部時計店は進駐軍に接収されて「PX（酒保）」として使用されていたが、一九五二年に松屋銀座とともに返還されたあとで、「銀座和光」と名前を変えた。

正確に言えば精工舎は、この服部時計店の製造部門だった。もともとはスイスから輸入した部品を組み立てて販売していた。『一人息子』で母親が勤めていた近代化された製糸場は時計産業ともつながっていくので、メカニズム好きの小津にとって魅力的な題材だったのだろう。長野県岡谷の製糸業を支えるために、繭の買い付けをしていた北澤國男らによって東洋バルヴが生まれた。腕時計専門の第二精工舎が戦争で疎開してきて、自ら部品を作って国産の腕時計を生み出すことになる。諏訪地方からは戦後カメラのヤシカや三協オルゴールなどの産業が生まれ、セイコーの協力会社だった大和工業がエプソンとして時計やプリンターを作るようになる。戦後衰退した製糸業の働き手が精密機械の組み立ての作業員となったのである。

遅刻する紀子と敬三

この映画のなかで遅刻するのは紀子と敬三である。紀子は周吉たちが東京駅に着いたときに出迎えに行けなかったので、遅れて幸一の家に到着する。大きな白い箱に入ったお土産を持ってくる(『麦秋』のショートケーキのエピソードを引きずっているようだ)。間に合わなかったことへの心苦しさと遠慮が、その後の志げの度を越したように見える依頼に応じる心理的な枠を作ってしまう。

紀子は最後に周吉からとみの形見として懐中時計をもらったわけだが、これは平山家の伝統が伝わることではない。葬式の後で、てきぱきとまるで平山家の嫁のように家事を片づけるが、そこに居座ることはできないのだ。味覚などの「平山家」の文化遺産が伝わりようがなかったことはすでに確認したとおりである。とみが身につけていた物を形見として相続しようにも、ふだん和服を着ていない紀子が、志げのように主張ができないのもあたりまえである。男性陣がとみが身につけていた衣服に興味を持つはずもない。そこで周吉が思いついたのが懐中時計というわけだった。

この懐中時計をもらう場面が、小津がシンガポールで観た映画のひとつであるジョン・フォード監督の『わが谷は緑なりき』からの借用なのだと、末延芳晴は鋭い指摘をする(『原節子、号泣す』)。確かに主人公の少年が牧師から懐中時計をもらう場面がある。牧師は少年の姉が炭鉱主の息子との結婚に失敗して戻ってきたあとで関係が噂され、炭鉱町から去っていくところだった。時計をもらった直後に炭鉱の事故が起きて物語は大きく転換する。

紀子がもらったこの懐中時計は多義的である。ひとつには周吉ととみが言うように別の人生を歩むことを促された別れの印である。もうひとつはとみからの「忘れるな」というメッセージでもある。「昌二のことは忘れていい」と言いながら、自分では「まだおるように思う」とも口にするとみにとって、懐中時計は昌二や自分を含めた者を忘れるな、というメッセージにもなる。

懐中時計という形見をもらったからこそ、紀子と平山家とのつながりがかえって強くなった。とみと紀子が共有できる対象は、二人の女が共通して愛した昌二の思い出しかないわけだから、この懐中時計はそれをひそかに閉じ込めている。紀子が列車のなかでそっと開くときに、まるで写真をしまっておくロケットのように眺める。これは『わが谷は緑なりき』で牧師が蓋を開けて、少年に時計の盤面を見せるのとは意味合いが異なる。それから紀子は蓋を閉じて両手で包み込む。もちろん観客には懐中時計の盤面のようすはわからない。蓋の裏側にメッセージや名前が刻まれている場合もあるのだが、そうした情報も欠如している。だからこそ観客にいろいろと想像させるのだ（私の勝手な妄想では、この懐中時計は昌二が初任給か賞与で買って母親に贈ったものであろう）。

この懐中時計の針は、はたして動いているのだろうか。東京旅行でとみが懐中時計を使う箇所はない。時刻を確認するのはもっぱら周吉の役目で、上野公園でも自分の懐中時計を取り出して「そろそろ紀子も帰る時間かのう」と口にする。時間に間に合うとか遅れることをきちんと把握できるのは、時計が正確に動いていて、それに行動を合わせているからだ。とみからの懐中時計を受け取ったことで、紀子の遅れの心理的な埋め合わせがつく。

ただしこの映画では紀子だけでなく、敬三も遅れる者として描かれる。母親の死に間に合わずに実家に到着する。姉からの電報をもらったときに出張をしていて不在だったことを兄や姉に詫びるのだ。電報が持つ一方的な伝達がすれ違いを生んでしまった。そして、別の列車に乗るのが間に合っていたら、母親の死に目にあえたのにと悔やむのである。これが滝野瓢水の「さればとて石にふとんも着せられず」の句のエピソードを下敷きにしていることは「はじめに」で指摘したとおりである。

敬三が出張していた松阪は、御三家のひとつである紀州家の領地である。蒲生氏郷が松阪城を築き、その後古田氏が支配するが、すぐにも紀州藩の飛び藩地となってしまう。ここは松阪商人の発祥の地であり、小津本家もある。御三家とのつながりのせいで、小津自身もどこか心情的に旧幕派だったのかもしれない。たとえば上野公園の輪王寺（両大師）に建っている「旧本坊表門」の前で、周吉ととみを腰掛けさせてひと休みさせる。この門には上野戦争でできた砲弾の跡が今も空いている。映像で皇居を描いても靖国神社には近寄らない。『長屋紳士録』に戦争孤児のたまり場として描かれた西郷隆盛像あたり、その隆盛こそ、西南の役での逆臣として靖国に祀られていない代表的な英雄でもある。小津が上野界隈にこだわるとき、それは自分が育った下町につながる場所だからというだけではなく、上野戦争や松阪の領主だった紀州家への思いが重なるせいかもしれない。

遅れがちが敬三のくせとなる。大阪で出社して事務所に入ってきたときに時計の針は九時を過ぎていた。ふだんから少し遅れるくせがあるのだ。先輩らしい同僚はすでに仕事を始めていて、会話の内容から前の日には休みをとって迷惑をかけたことがわかる。そして敬三は同僚と軽妙に受け答えをするのだが、梶村啓二はこうした敬三の会話の裏に、ひとりで都会で生活する者の緊張感を読み取る（『「東京物語」と小津安二郎』）。そう考えると、葬式の場面で紀子が敬三に声をかけるのも、大事なことに遅れてしまった者どうしの連帯感だけでなく、都会で暮らす一人者どうしの共感のせいである。しかも医院や美容院のように外からやってくるお客に対してではなくて、与えられた仕事を仕上げる時間に追われる勤め人だからこそ、二人の間につながる感情がわくのだ。

もっとも紀子や敬三よりも罪深い遅刻をするのは、役所勤めだった周吉である。とみに対して「もっと優しくしておけばよかった」という感想を漏らすところに表れている。酒を断っていたにもかかわらず、羽目をはずして娘たちに迷惑をかけたり、ときに家族への不満を漏らす周吉だが、そうしたことを含めて子供たちは「いい方だ」とする評価を分かち合いながら、とみに対する感謝を述べる瞬間を失ったことこそが『東京物語』における最大の「遅刻」だろう。周吉が時刻表や懐中時計を振り回しても間に合わなかった。

不在の京都と奈良

この『東京物語』の東西の移動は、ふつう東京と尾道をつなぐ直線の往復と考えられる。その途中に日本標準時を決める子午線としての明石があった。やはり、画面には不在でありながら、映画を支える「場」として「京都」と「奈良」が立ち現れてくるように思える。映画には「大阪」や「松阪」への言及はあり、京都や奈良は不在なのだが、京都や奈良が全体を支える柱となっている。

多くの論者は東京と尾道の対立を「近代化された空間」と「近代化以前の空間」として理解する。つまり年号のように直線的で進化論的な時間に支配された世界と、季節のように円環的な時間に支配された世界との対立ととらえる。そして尾道を後者と考えて、輪廻転生や東洋的無常観へとつなげ、「古きよき失われた世界」とみなす。「現在＝東京」と「過去＝尾道」の対立ととらえることが、そのまま平山家の親と子の世代と重ねることができるので便利なのだ。

だが、尾道の生活も近代化の中で変質しているし、何よりも日本標準時という近代的な時間が根深く入り込んでいる。江戸時代以前の時間感覚が明確に残っているわけではない。それに尾道は農村社会的かもしれないが、北前船の立ち寄る港で、造船のドックもあり、洋食や西洋建築の銀行など、いちはやく近代を取り入れた進取の場所でもあった。二項対立の中でこうした点はすっかり忘れられてしまう。小津の育った深川も尾道と同じように物流の拠点であり、だからこそ松阪の小津家が海産物問屋の江戸支店を作った事情も見えにくいのだ。小津家は決して農村社会的な伝統の中を生きてきたわけではない。

映画の背後に理念的で見えない形で存在する「古き日本」と言えば、それは京都だろう。京都は、東と西を結ぶ山陽本線と東海道本線を走る急行列車の通過する駅として存在するが、途中下車もしないし言及もない。この映画では、空襲を体験して壊滅的な被害を受けた東京と大阪に対して、空襲を受けなかった尾道と熱海が対比されている。だが、空襲を免れたおかげで尾道のように瓦屋根の並ぶ風景が残り、なおかつ東京や大阪に匹敵する都会と言えば、やはり京都であり、さらに古都奈良への連想も誘う。関西圏が小津作品にとって東での関係のこわばりを解きほぐす場所になっていると與那覇潤は指摘する（『帝国の残影』）。小津にとって特別の場所である。

東海道線の途中にありながら言及されない富士山と同じく、映画の表面には見えない日本の象徴として京都は存在する。松竹のマークに富士山があるのだから今さら不要という考えもあろうが、『父ありき』では修学旅行のときに見事な富士山のショットが撮影されていた。デパートの松屋銀座の屋上で周吉たちは日本一の富士山の姿を探したかもしれないが、この映画は巧妙に彼らの屋上でのショットを避けているのでまったくわからない。周吉たちが屋上につながる外階段を下りてきたところが描かれるだけだ。しかも、あくまでも結果としてだろうが、京都を通り過ぎるととみの病状は悪化していく。行きにそこを通過すると、どこに物を置いたのかを忘却する人物は、空気枕のエピソードのときの周吉から日傘のとみへと交替する。熱海の堤防の上で、とみは立ち上がろうとしてふらふらとなってしまう。そして、帰りの汽車の中では京都を過ぎると気分が悪くなり、大阪で下車することになってしまった。

この映画では『晩春』や『麦秋』の鎌倉に代わって、「小京都」の尾道が出てきて雰囲気を作っているが、尾道の浄土寺がじつは京都の泉涌寺に連なる重要な寺であることはすでに指摘した。皇居への観光も描かれ、宮城遥拝とつながる朝日を見る場面もある。それらが目に見えない形での京都とのつながりを感じさせる。とみが死んだ朝に周吉が行った原初的な太陽崇拝が宮城遥拝と結びつくものとして捉えられる。そして「京都」が、浄土寺や皇居を通じて映画の背景にある。この映画に文化的な厚みを与えると同時に反発を招く原因は、この隠れた京都にある。

『東京物語』の不在の京都への連想は、紀子三部作を考えるならば、決して唐突ではない。紀子三部作の第一作の『晩春』で批評家が注目したのは、父親といっしょに京都旅行をした紀子が、宿の一室で隣の布団に寝ているときに結婚の最終決断をすることだ。これは岩崎昶が言うように、結婚を決断する桎梏となっていた父親へのコンプレックスを解消した場面とみなすのが、とりあえず穏当な解釈だろう。

この点をさらに過剰に読み込んで一種の近親相姦的な感情を読み取ろうとするのは、むしろ男性の読解者たちの隠れた欲望の発露と言えるかもしれない。たとえば堀川弘通監督の『娘と私』（一九六二年）にも同じように結婚前の娘と父親が、ひとつの部屋に布団を並べる場面があるが、そうした解釈は誘わない。親子が川の字に寝るという日本的な慣習もある。こうした点を無視して過剰に読みすぎているのではないか。別に紀子と周吉はひとつの布団の中で寝たわけではないからだ。日本の布団と西欧流のベッドを同一視する読み方はあまり正当なものとは思えない。

この場面での、「壺」と紀子の視線に関しては、末延芳晴が説得力のある論を展開している（『原節子、号泣す』）。映画の中での壺の配置が変化していることや、紀子の視線が寝ている父親の姿を確認したのであって、近親相姦的な欲望とは関係ないと結論づける。そもそも紀子の失恋体験が描かれているし、老人嫌悪があって父親は恋愛対象ですらないと証明し、紀子が亡くなった母親の役割を演じている関係を重視する。シナリオでは号泣するのが父親のほうだったのが、娘のほうに変更された点に注目し、それを通して作品全体の意味合いを変えるほどの原節子の魅力を小津が見出した、と末延は結論づける。さらに末延は、シナリオを共同執筆した野田高梧が自分の娘との関係を投影したのではないかと重要な指摘をする。この娘こそ、小津と野田の二人が書いたシナリオを清書していた立原りゅうなのである。小津にとっても野田にとっても新しい主題の発見だったわけだ。

私見では、壺そのものよりも京都という場が大きな転機をもたらす空間として捉えられている。小京都の鎌倉では解決できなかった結婚に関する難題を、本物の京都が解決したわけである。壺の次のショットに出てくる竜安寺の石庭が重要で、壺という人工物と天然の石を人工的に配置した空間が対応する。旅館の場面で外の風景が黒いシルエットとなって浮かぶが、白黒映画だからこそ、対比的に昼の光に照らされた岩を囲む白砂のようすが印象深い。この暗から明への転換こそが感覚的に必要だったのだ。

この石庭は、十五個の石が五つの島のようにまとまって離れていながら、幾何学的な模様をなしている。この石庭がいわば転移して、『東京物語』では、最初のショットでは六本に見せかけながら二度目には四本となるお化け煙突や、両大師橋で周吉たちの先を歩く五人の子供や、小学校でバケツを持って歩く五人の子供として姿を表すのだ。メカニズムやシンクロが好きなのと同時に、数的な秩序もまた小津の愛したものだった。

京都を扱った小津映画は他にもある。『宗方姉妹』では死期の近い父親は京都で暮らしているし、『東京物語』のあとの『彼岸花』（一九五八年）では京都の旅館の母娘が登場し、『小早川家の秋』（六一年）では伏見の造酒屋が舞台となって、完全に関西の話となる。こうした一種の東京離れの流れのなかで、『東京物語』の尾道が登場してくる。

紀子三部作の第二作の『麦秋』では、京都よりも古都である奈良が登場し、そこは「大和」と呼ばれている。志賀直哉が一時期奈良に住んでいたのが場所選定のヒントになったともされるが、この呼び方自体が「まほろば」を想起させるとして注目されてきた。『古事記』や『日本書紀』に出てくる「やまとは国のまほろばたたなづく青垣山ごもれるやまとしうるわし」の歌で有名である。武田祐吉の訳では「大和は国の中の国だ。重（かさ）なり合っている青い垣、山に囲まれている大和は美しいなあ」となる。『古事記』においてこの歌は、景行天皇の第三皇子で、東西の征伐を行ったヤマトタケルの終焉の地とされる三重県で歌ったものである（『日本書紀』では父親の天皇が九州で歌ったものとされる）。宮内庁によれば亀山にある前方後円墳の能褒野《のぼの》王塚《おうつか》古墳がタケルの墓とされている。

「大和のおじいさま」と呼ばれる間宮茂吉が北鎌倉の間宮家にやってくる。弟の間宮周吉を笠智衆ではなくて菅井一郎が演じていて、笠は長男の康一の役である。いささか耳が遠くなった茂吉は、周吉の娘の紀子の結婚を心配するとともに、周吉夫婦に大和に来るように誘いに来たのだ。まさに望郷の「まほろば」へと回帰する話が進んでいる。そして亡き息子の省二の友人である医師の矢部が秋田に赴任するというので、急転直下の展開となって、紀子は彼との結婚を決めてしまう。

『麦秋』の最後に出てくる麦畑の場面はハリウッド映画の影響を受けている。ホームステッド法に基づきテキサスに開拓してくる農民が牧畜業者との争いに勝利するウィリアム・ワイラー監督の『西部の男』（一九四〇年）のエンディングでの麦畑や、小津が敬愛するキング・ヴィダー監督の『麦秋《むぎのあき》』（三四年）での、農民たちが苦心して掘った水路を麦畑に向かって水が流れる場面といった映像的記憶とつながりを持つはずだ。

ただし、そこに日本的な連想が加わっている。娘を秋田へと嫁がせたことで、老夫婦は夫の故郷である大和へと帰っていった。そして麦畑の道を通っていく花嫁行列を見送るときに自分の娘の姿を重ねる。ここでは何よりも「秋田＝秋の田」という音と「麦秋＝麦の秋」とが響き合う。しかも奈良ではなくてより古代の「大和」とみなすなら、『万葉集』の「秋の田の」や「秋田刈る」を盛り込んだ歌が自然と連想される。たとえば、『百人一首』

の一番目の歌としてよく知られる天智天皇の「秋の田のかりほの庵の苫をあらみわが衣手は露にぬれつつ」がある。これは『万葉集』にある、「読み人知らずの歌」を踏まえたものだが、秋の田の豊穣のかたわらに別れている相手への追慕と涙が扱われる。そうした複雑な気持ちこそ、『麦秋』の最後の麦の穂波にふさわしいものだった。

けれども紀子三部作の完結編となる『東京物語』にはこうした京都や奈良は出てこない。『晩春』や『麦秋』の京都や奈良に匹敵するものが、尾道に置き換えられてはいるが、直接的には不在である。そして『晩春』の美術館や能とか、『麦秋』の博物館や歌舞伎にあたるのが、『東京物語』においてはバスによる都内観光と言える。紀子三部作ではどれも途中で何かイベントを観るという行為が話の転換につながっていくわけだが、ここでは都内観光が用意されている。ただし、そこで言及される歴史はせいぜい五百年であり、京都や奈良のような古さをもっていない。

京都と奈良の代わりに、敬三の出張先として「松阪」という小津の人生にとって重要な地が言及される。しかも『麦秋』に続いて『東京物語』でも松阪はじつはスキヤキとしても登場しているのだ。そして「まほろば」の歌を歌ったヤマトタケルの墓とされるものは亀山にあり、松阪を通過する紀勢本線の終点に位置して、関西本線と合流して奈良へとつながっている。おそらくこれが敬三が大阪から松阪への出張で往復に使った路線になったはずだ。「まほろば」とは望郷の歌の中で大和をたたえる表現であり、同時に十年間を三重県で過ごした小津にとって身近なものであった。松阪出身の国学者で『古事記伝』の本居宣長は幼名が小津富之助であり、京都に修行に行くにあたって先祖の苗字に戻した。「松阪」もまた、この映画で不在の京都や奈良をしめす手がかりのひとつとなりえる。

浄土寺、皇居、朝日と並んで松阪も含めるのなら、この映画の画面では不在だが、紀子三部作を通して表れる京都さらには奈良が、『東京物語』でも間接的に登場しているように思える。しかも通過駅として、周吉たちが乗った東海道本線からは京都が、敬三が大阪と松阪を往復するときに乗ったであろう紀勢本線と関西本線からは奈良が連想できる。作り手の小津も周吉のように時刻表を丹念に読んでいたはずである。

そしてこうした土地とのつながりこそが、志賀直哉が「古代からの絆」と呼ぶ天皇との関係を想像させるのだ。紀子のアパートに飾られた昌二の写真、あるいは尾道の周吉の自宅の庭に浄土寺を背景に置かれた道祖神として姿を表す。さらに夜明けの光として見守る何かなのだろう。この映画で庭に下りるのは、周吉を迎えに行くときの紀子と、麦藁帽子をかぶって庭の草花の手入れをする周吉だけである。そこに立つことが許されている二人を朝の光は見守っていたのだ。そのことを象徴的にしめすのが、ビデオのＶＨＳなどのパッケージで使われてきた周吉と紀子が並ぶスチール写真に他ならない。

4 紀子はどこの墓に入るのか

東京の人としての紀子

それにしても『東京物語』における平山紀子はどういう存在なのだろう。紀子三部作としてではなく、あくまでもこの映画内での話になるが、紀子に結婚相手が見つかるわけではない。かといって、姦通物でもない。戦争未亡人が誰かの犠牲になる話でもない。彼女の欲望や狙いが何なのかがよくわからないので、何よりも純粋で無償の行為に理解される。『東京物語』のなかでの紀子は、平山一族内での「義理の娘」としての位置を確保しようとしている。旧民法による戸主を中心とした家族像は法律的にも崩壊してしまった。吉村公三郎監督の『安城家の舞踏会』で旧家の令嬢として父親と踊る姿を見せていた原節子は、ここでは「バタ臭い」顔をしながらも、内面は古風というギャップを見せることで、むしろ古い制度と結びついた女性に思える。

紀子は係累をもたないように描かれている。どうやら戦争を挟んだ長いへだたりののち東京で再会した周吉たちは、紀子の職場や私生活についてあれこれと言葉をかけるが、ついぞ紀子の実家や家族の消息について尋ねない。紀子は「未亡人」だけでなく、アパートに暮らしていても「宿無し」の「孤児」であるかのように扱われている。たしかに現在は平山一族のなかに位置をしめているが、血のつながりを欠くので不安定なのだ。「女は三界に家なし」という言葉のように、何かに従属していなくてはならないという考えが、紀子の育った時代にはまだあった。

紀子と血のつながった家族や親族の消息が話の上でも出てこないのは不思議である。夫の昌二がいなくなったのと同じ「戦争」による喪失がいちばん納得できる答えとなる。もちろん、戦争の影響は平山家のみならず日本人に等しく及んだはずが、紀子は夫ばかりか自分自身の血縁も失ったという意味で二重に喪失感を抱いているのではないか。しかも「東京の人」である紀子が家族や係累をすべて失ったとすれば、その原因の可能性は空襲がいちばん高い。シナリオ段階で小津は幸一の家を自分が生まれた深川を含む「江東区」としておきながら、撮影場所を足立区に変更したのは、千住発電所のお化け煙突などをロケするという現実的な問題もあっただろうが、やはり戦災で焼失した自分のかつての住まいへのわだかまりや忌避があったのではないか。

周吉たちが「尾道は戦災をまぬがれた」と口にするのを参照するならば、紀子は「戦災をまぬがれなかった東京」の人である。もちろん幸一も志げも戦前戦中を東京で過ごしたと考えられるが、尾道という故郷を持っている点が異なる。疎開先にはしなかったかもしれないが、心理的な頼みの綱となりえた。もしも紀子の実家の家族や係累が一連の空襲のなかで死去していたとすれば、彼女の寄る辺なさの正体がわかってくる。

そうした紀子に周吉ととみは再婚を執拗に迫る。これは果たして単純に思いやりや同情の発露と言えるのだろうか。「気を悪うされると困るんじゃけど」と断って、最初に再婚話を持ち出すのはとみである。志げに家を追い出されて「宿無し」になったせいで、紀子のアパートに泊めてもらったときのことだった。「わたしらはほんとにつらいんじゃけえ」と本音に近い言葉を吐く。今回の旅の目的が、どうやら紀子の処遇をめぐっての解決を図るねらいがあったように読めてくる。

ところがその前に、紀子がいない場で尾道の消息の形をとって、未亡人の再婚の不幸について語られていた。幸一の家でスキヤキを食べた後の団欒でだった。「お孝《こう》さん」という志げの知り合いについての噂話が出たのだ。とみによれば、再婚して倉敷のほうの家に嫁いだのだが、結婚生活があまりうまくいっていない。再婚は必ずしも幸せと直結しないが、こうした会話を交わしたとみが、紀子に再婚を勧めるのはどこか釈然としない。

東京駅の出迎えに遅れて到着したように、紀子は何かを待ちながらも、どこかずれて遅れてしまう。戦争未亡人になってしまった後の生活も「後家のがんばり」のようで、どこか新しい時代に取り残された感を与える。それが『東京物語』の紀子像である。紀子が体現しているのは「実の子よりもよくしてくれる」義理の娘のあり方だが、その動機を彼女の善意だけで片づけるのは単純すぎるだろう。「私猾《ずる》いんです」と三度繰り返すほど内面に葛藤や屈折を抱えている女性である。

夫が死去したからといって、結婚が生み出したつながりが消えたわけではない。紀子はそのために仕事の都合をつけて義理の両親を都内見物に案内し、自分のアパートへと連れてきて店屋物をご馳走し、周吉にはお酒をだし、泊めたとみにはこっそりと小遣いを与え、「ハハキトク」の電報に尾道まで出かけ、葬式のあとも尾道に残って家族の世話をする。自営業で相対的に自立してしまった幸一や志げ以上に、尾道の本家に呪縛されているのが、事務員として平凡な日常を生きている紀子なのは間違いない。

紀子自身も昌二を忘れていることがよくあると告白する。紀子が東京の人として描かれていることで、死者の記憶をめぐって、昌二の向こうにも紀子とつながる多くの死者がいるように思えてくる。一人の死者との関係のはずが、多数の死者との関係になってくるのだ。ここに、ふだんの生活では死者の記憶を忘却していて、その点を心にとがめている多くの人から共感される秘密がある。幸一の妻の文子も同じく東京の人であるが、彼女は子供も持ち、東京での平山家の中心になっていく未来が保証されている。

だが、紀子にはそうした担保がない。だからこそ、彼女の無償の愛に見える行為には切実な理由が隠されている。紀子の「どこか心の隅で何かを待っているんです」の台詞に、まだ若い彼女の性的欲求を読み取る解釈は高橋治（『絢爛たる影絵 小津安二郎』）をはじめとして多い。逆にそうした性的解釈を「不潔」と、まるで『晩春』の紀子のように拒否する向きもある。いずれの意見も紀子を「処女か売春婦か」といった古典的な二分法にあてはめようとしている。その背景には、演じている原節子を「永遠の処女」とみなす見方への肯定と反発がある。さらに現実世界での小津監督との関係を持ち出し、原節子の表情が作り出す細やかな演技が小津によって見出されたものだとして、彼女の神秘化に貢献してしまう。しかもこの映画で泣くときに、志げや京子がハンカチやエプロンなどで泣き顔を隠すのに対して、紀子だけは素手で行う。それが年齢よりも子供っぽくて見せて、それだけ正直で真情がこもっていると感じさせる。こうした計算された演出のせいで、観客は紀子に好印象を持つわけだ。

紀子の泣き出すという反応は、周吉の「いつまでもあんたにそのまゝでおられると、却ってこっちが心苦しうなる――困るんじゃ」と言い放ったことと、形見にとみの懐中時計が手渡されたことで引き起こされた。とみの「つらい」の次に、今度は周吉の「心苦しい」と「困る」が重なるので、紀子を突き放す台詞に聞こえる。その背後にやさしさと残酷さとが交差している。皇居のそばを通過した観光バスの場面でわかるように、周吉は息子の昌二をお国のために捧げたことを誇らしくこそ思え否定はしない。だが、戦後社会では紀子を「英霊の妻」として遇することもできず、かといって自分が亡くなった後に紀子の面倒を見てくれるように、将来の家長としての長男の幸一に命令するわけにもいかないのだ。

周吉もとみも親切心や紀子の将来を心配する気持ちから、紀子に平山家を去れというわけだ。だが、結果としてそこにあるのは平山家からの排除に他ならない。それは平山家の歴代の記憶や文化的な遺産を相続することからの排除でもあるし、死んだ紀子の遺骨を平山家の墓に入れることへの拒絶でもある。接点となるはずの「子供」がいない状況なので、平山家からすると紀子は今のところ一族ではあるが、積極的な交流を持つ女性とはならない。それは義理の甥である実や勇との会話のなさからもわかる。とみの次に、家長である周吉が死ねば、紀子が頼る絆はほとんどないのだ。

幸一の一家が東京で次の世代の中心となれば、志げのような親しさで紀子はその家に入り込むことはできない。今でさえも周吉たちがやってくるという口実なしに幸一の家への訪問はありえない。しかも東京観光の案内も葬式後の尾道滞在も、あくまでも志げに頼まれた形をとり、紀子が自発的に言い出したものではない。志げたちに便利に使われながら、「親孝行」の役目を紀子が代行している。周吉が「他人のあんたがいちばんよくしてくれた」と感想を述べるのも当然だろう。最後の場面では、まるで平山家の本家の嫁のように、洗濯物をたたみ、食器の洗い物をし、京子に弁当まで持たせる。だから「もう帰ってしもうの」という感想が京子から出てくるほどだ。それでも亡くなった次男の妻という不安定な位置に変わりはない。

紀子にはどうやら現状維持以外にあまり解決手段がないように思える。だから「年をとらないことに決めた」と決意を口にするのは、この状態をずっと維持したいという願望である。そして紀子が最後に泣きながら「猾《ずる》いんです」と三度繰り返してわびているのは、昌二という戦争で亡くなった者（そこに彼女自身の家族や係累も含まれるのだろう）を忘却する自分のずるさだけでなく、平山家とつながることで都合よく「家族」を維持しようとする自分のずるさに対してでもある。紀子が乏しい生活費から、とみに小遣いを与えるほどのもてなしをする根底に、「無垢」や「無償」と呼びにくい、ひとつの「打算」が隠れている点を自分でわかりながら、彼女はそうした行為しか選択できないのだ。

ここに新民法下の、つまり民主主義の世の中で生きていかなくてはならない紀子の難しさが表現されている。経済的な苦難とは別次元のものだ。彼女が義理の兄や姉、さらに義理の父母に尽くしているのは、古風な人情のしがらみだけではうまく説明がつかない。喜八物の世界とは異なる事情がそこにはある。彼女のアパートにも、確かにお酒やお猪口を借りたり、ピーマンの煮たのをおすそ分けをするという近所の助けあいの関係はある。だが、紀子が失業したり死亡した場合に、そうした隣近所がどこまで世話を焼いてくれるのかはわからない。

だからこそ紀子の周吉たちへの好意には切実な動機が隠れている。周吉が苦笑いしながら「とうとう宿無しになってしもうた」という台詞を口にしたときに観客が笑えるのも、彼には帰る家もあり家族もいるので冗談として受け止められるからだ。平山家は解体して、それぞれが別の生活を持つようになっている。そうした変化はいつの時代でも同じように起こるだろう。だが家族の関係や意味合いが、戦争によって大きく揺さぶられたのも事実である。紀子の住むアパートは、喜八のいた長屋とは大きく異なるのだ。最大の違いは死と葬式に関わることである。

紀子に自分の現実を突きつけたのが、他ならないとみの死と葬儀と墓への埋葬までの一連の流れであった。遠すぎると愚痴を述べていた尾道にわざわざ行くことになったのは「とみの死」以外に理由はない。この箇所は情報伝達の錯誤も含めて、戦死した昌二の戦死状況の混乱を表現したものとみなせる。それと同時に、ひとつの死によってそれまで離れていた家族が集まる状況をしめす。そのなかで紀子だけは共有すべき過去を持っていない。しかも紀子が現在のアパートで死去しても、平山家の家族が仕事を放り投げてまで集まってきてくれるのかはわからない。そうしてもらえる確かな根拠はないのだ。そもそも紀子の死に際していったい誰が喪主をつとめるのだろうか。他ならないとみの死と葬式が、紀子にとっての難題である今後の生活設計、さらにはどこの墓に入るのかという、死後の不安を浮かび上がらせる。

東京に出てきた者である平山家の面々には、いざとなれば尾道の墓がある。映画の中でも墓の在り処が明確に表現されていた。それに対して紀子は戦争「未亡人」という「夫が死んでも未だ亡くなっていない人」という残酷な表現が持つ枠組みにもがいている。彼女も昌二と同じ墓が待っていると思えるが、そこへたどりつくことができるかはわからない。紀子が再婚によって他の家に入れば墓問題は解決するのかもしれないが、そうした解決が紀子にとって最良の策かどうかも不明で、この宙づりの不安感が描き出されている。『晩秋』と『麦秋』が嫁に行くことをめぐる物語だとすると、これは義理の娘本人に嫁に行くかどうかを迫る話なのだ。やはりその喪失感は実際の娘の場合とは異なる。

周吉は最後に紀子に対して「お父さん」と自分のことを呼ぶことで、擬似的に娘を嫁がせる者のように対面している。彼の主観としては、先々のことを考えて平山家から去ってくれと願うのだ。それを受けて私たちが映画を結末近くまで観て、東京へと向かう列車（それは周吉ととみが乗った列車と同じ便だろう）の中で、懐中時計を両手で包み込む紀子の姿を新しい出発と感じるかどうかは、懐中時計を過去とつながる「形見分け」とみなすのか、「門出を祝うための贈り物」と見なすのかの違いによる。紀子がどちらの運命を選んだとしても、次に尾道を訪れるのは周吉の死のときしかありえないだろうし、生きた形での再会はないはずだ。観客の脳裏にどちらの選択が浮かんでも感慨深い終わり方となっている。

ポンポン船とボンネットバス

もちろん『東京物語』の真のエンディングは紀子を乗せた列車が去ったあとに来る。ひとり周吉が海のほうを観て悄然としている場面である。蚊を追い払う団扇にもどこか力がなく、隣家の女房が声をかけてきて最後に「お寂しくなりますな」と言って去ったあとに、ため息をつくのだが、そこで喉仏が気持ちを飲み込んだように動く。周吉の喉仏の動きが尾道の場面では重要になってくる。

もうすぐ妻が死ぬと長男に告知され「そうか、おしまいかのう」というときにアップになった周吉の喉仏をちょうど影が横切っているし、その直後に昏睡状態のとみを見下ろすショットでは、喉仏が上がり下がりする一連の動きが捉えられている。声にならない声がそこに描かれる。周吉の喉仏を大画面で見ることは、本人の老いをしめす残酷な描写でもある。

周吉の喉仏の動きをキャメラが注視するが、「喉仏」が遺骨において重要となるように、そこには死の影もつきまとう。喉仏が飛び出すのは成人男性の特徴でもあり、とみが去っていくことへの複雑な気持ちを代弁する道具となっている。喉「仏」と呼ばれるのは骨を焼いたときに喉の部分に残るのが仏の形をしているからだとされている。実際には軟骨なので焼けてしまい、仏の姿と錯覚されてきたのは頸椎なのだが、それでも人間の喉に仏が宿っているという考えは、死人を「仏」と呼ぶ私たちにとってなじみやすいものだろう。

さらに、ここで周吉の家が海を見下ろす位置にあるのが重要となってくる。紀子三部作をつないでいるのは海のイメージである。『晩春』では、周吉は嫁いだ娘を東京駅に見送ったあと、娘の友人と飲んでから帰宅する。そして、不在の印である家具の様子が映され、周吉が深夜にりんごの皮を剝いた手がとまって悄然とした表情になる。号泣するという小津監督の意向に逆らって、周吉を演じている笠智衆が現在の表現を選んだ。これは賛否が分かれるところだが、実際にはそこに波が打ち寄せる鎌倉の海岸の場面が出てきて最後を飾る。あくまでも波が打ち寄せる海のイメージで映画は終わっているのだ。

そして『麦秋』ではそのイメージが連続するように、犬が遊ぶ鎌倉の海岸から始まり、それが最後には周吉夫婦が大和の家へとたどりついたことをしめし、花嫁行列が通る麦の穂波が揺れるところで終わる。すでに述べたように、ここは小津がシンガポールで観て心に残ったとするウィリアム・ワイラー監督の『西部の男』に出てくる未亡人と結婚した主人公が、彼女と二人で麦の穂を見守るエンディングと重なる。『晩春』で、画面に登場しない見合い相手を、ゲイリー・クーパーに似ていると叔母さんが言っていると紀子が口にするが、『西部の男』こそクーパーが活躍した西部劇に他ならない。もちろん風に揺れているのは、春が実りの季節で冬を越す小麦という点が大切である。穂波として海のイメージはここに引き継がれている。

そして『東京物語』は向島が見えている尾道水道を西へと向かうポンポン船が映画の枠組みとなっている。最後はポンポン船が一艘だけになって西へと向かうところで終わる。小津はこのあと紀子を主人公にした作品は作らないし、原節子が登場しても、もはや役名は異なる。紀子三部作としてもここで終わり、未婚者の物語が既婚者の物語となった時点で終止符を打つのだ。

ただし『東京物語』の最後の一連のショットで一箇所気になる動きをとるものがある。

それは瓦屋根の家に挟まれた道を西から東へと進むボンネットバスである。画面の右側に消えていくポンポン船と逆らう動きを持つバスを画面に定着させたことに、小津なりの狙いがあるはずだ。もしもこの動きが気に入らなければ、他のショットに差し替えただろうし、そもそも人や車の通る道が入るフレームで撮らなかったはずだ。あくまでも偶然入り込んだのかもしれないが、選択の余地はあったはずで、完成作品で排除されなかったことが重要である。

映画の冒頭では、キャメラの位置を切り替えたことで、西へ行くポンポン船も東へ行く貨物列車も画面の右手、つまりは舞台で言う「上手」のほうへと消えていった。それに対して、ここでキャメラを固定して、上手へ消えるポンポン船とは逆の下手へと去るボンネットバスを出すことで、観ている者に何らかの印象を与え、無意識へと働きかけてくる。

では、それは何を表すのだろうか。多くの『東京物語』論では紀子に焦点が当たっても、一人の女性のことを忘れがちである。それは周吉の次女の京子である。母親のとみがいたときから京子は弁当を作り、病床の母親の頭を冷やすために氷を小さく砕いていた。もちろん、文子も紀子も身に着けるが、エプロンは彼女にとって必要不可欠なものだった。兄の敬三が遅れて到着すると、兄や姉の前で抑えていた感情が高ぶって、エプロンを顔にあててわっと泣く。京子こそは平山家に残る唯一の子供となる。そのことを暗示するように、とみの葬式のときも寺の柱に寄りかかり一人離されて画面の手前にいる。竹村家の会席料理でも、最後にご飯をよそうのはいちばん年下の京子の役目だった。だから彼女の横に茶碗が並んでいる。姉や兄からすると親子ほど年齢が離れているので、いちばん下の「味噌っかす」に思われて顎でこき使われ、彼女もいちおう受け入れてはいる。

紀子の物語は完結したのかもしれないが、周吉と京子の父と娘の物語は新しく始まったばかりである。しかも京子の婚期をめぐる話だけでなく、志げが「お父さんが先に逝ったほうがよかった」と露骨に言うように、老いた父親との共同生活なのだ。京子は紀子に憧れをもち、実の兄や姉に比べて情があると考えている。そして学校が夏休みになったら東京へ行くという約束をする。彼女なりに尾道からの脱出願望を持っているのだ。

この後の尾道での父と娘の二人だけの生活は、新しい「晩春」の始まりとなる。この映画は三部作を通じて大きく冒頭へと回帰した。京子の側に立つならば、父親を残していく兄や姉の不人情な態度がそのまま彼女の肩にのしかかる重圧の予感となる。しかも小学校の教師として戦後の民主主義教育の担い手となっている。黒板に書いた割り算の課題を生徒にやらせている教室の壁には、「旅行 見学 登山」や「夕立 渡舟」という習字がかけられていて、戦時中のような勇ましい文言はそこにない。兄や姉への批判を口にするのは京子である。もっとも、紀子はその批判精神を受け止めながらも「私も若い頃はそう思っていた」と告白して短慮をたしなめる。そうした点も含めて紀子を「お姉さん」といちばん頼りにして、京子は自分の生き方のモデルにしている。

周吉を中心にして老いや東洋的無常観という解釈に寄り添ってしまうと、紀子と京子のつながりや物語の反復が見えなくなってしまう。京子が周吉の見下ろす最後の場面にいないのは小学校で働いているからだ、という当たり前の事実に気づくと、去っていくポンポン船に逆らうように正反対に走っていくボンネットバスこそ、京子が選び取るべき運命をしめすものと理解できる。

とみや周吉が向かう西とは逆の東へ向かうことは、京子が今後、尾道で生きていく上で必要な態度である。東京の紀子がその心の支えとなっている。この映画は逆向きの運動を入れてきれいに閉じないせいで、観客は心を残しつつどこか惹かれてしまう。フィルムに映ったこうした細部の動きも意味を持つように思え、京子にさえも残酷な運命を与える配慮がなされている。私にとって『東京物語』とはそうした映画なのだ。

第五章　『東京物語』の影の下で

1　戦後の抱きしめ方

小津のＤＮＡ

『東京物語』あるいは小津映画に影響された作品は内外にいろいろとある。記憶に新しいのは山田洋次監督による『東京物語』のリメイクとされた二〇一三年の『東京家族』であるが、海外でもヴィム・ヴェンダース監督の『東京画』（一九八五年）以来、さまざまな作品が意識的あるいは無意識的にこの小津作品を模倣してきた。国内に至っては、市川崑、新藤兼人、吉田喜重をはじめ、二〇〇三年の国際シンポジウムに参加した澤井信一郎、黒沢清、青山真治、崔洋一などの監督の作品をとりあげていけば、肯定、反発、無視など、おびただしい数の影響関係が見つかるはずだ。

影響から逃れようとしながらも、影響を受けてしまったことを率直に語っている監督も多い。崔監督のように、まったく自分とは関係ない「民主主義が嫌いな人なんだ」と否定的な言い方をしながらも、作品の特徴を適切に分析してしまうくらいに観ている場合もある（『国際シンポジウム　小津安二郎生誕１００年』）。そういう意味で『東京物語』は意識の片隅に置かざるをえない対象で、周吉が朝浴びた太陽のような光と言ってもよいのかもしれない。小津映画が与えた影響は日本映画史研究の大きな主題だろうし、とてもこの小著で全貌を捉えることはできないし、もちろんそんな目論見は持っていない。

ここであえて指摘しておきたいのは、小津の影響は映画の系譜だけではないことだ。そのひとつは、『東京物語』公開の一九五三年に、本格的に放送を開始したテレビである。五九年の『お早よう』では、親がテレビを買ってくれないせいで、子供たちが口を利かないストライキにまで発展する。六〇年安保の世情を踏まえた話となっている。「一億総白痴化」という大宅壮一の言葉が引用されていたし、相撲をテレビで観る場面が出てくる。それに他ならない『東京物語』もテレビドラマ化され、五回もリメイクされている。

『東京物語』にテレビ自体は出てこないのだが、観光バスの外に二重橋が姿を現すと、その向こうに塔がはっきりと見え、キャメラの焦点が塔の先端に置かれていることがわかる。これは麴町にあるテレビ塔だろうが、翌年、ゴジラがこの一帯で暴れてこれを倒すことになる。国会議事堂とテレビ塔という、戦後の民主主義を担う象徴となる二つのモチーフが、双方の映画をつないで登場しているのは興味深い。映画の時代からテレビの時代へと変化をはっきりと告げているし、同じ皇居を両側から眺めて相互に補っているようだ。

テレビのホームドラマとのつながりを強調した「小津の入り口。」という特集を、雑誌の「ブルータス」の二〇一三年十二月号は組んだ。冒頭のインタビューで脚本家の山田太一は小津映画はディテールをていねいに描くことがテレビ的で、子や孫の世代にまで反発も含めて大きな影響を及ぼしたとする。

小津映画の遺伝子がテレビドラマにつながるとする記事では、『東京物語』の流れとされるのは家族をめぐる問題点を扱った「岸辺のアルバム」「ビタミンF」「家政婦のミタ」「家族ゲーム」といったドラマの名前が挙がっているし、さらに別の記事では東京と地方という関係から「あまちゃん」が言及される。「ブルータス」が映画とではなくてテレビドラマとの関連を重視したのは、小津映画を世界の映画史だけで議論をする批評の流れに対する反発でもあろう。小津作品の影響を受けたジャンルは映画だけではないのだ。

この章ではまず『東京物語』の影響を受けたとされる系譜を海外の映画に探り、そこにひとつの共通点があると指摘したい。そして『東京家族』に関しては、小津映画と格闘してきた山田映画の歴史を踏まえると、どこか退行した作品だと結論づけたい。むしろ山田映画の中に『家族』などの優れた摂取がすでにあったのだ。最後に『東京物語』に影響を受けたなかでも重要と思える三つの作品を取り上げる。荒木経惟の写真集『東京物語』

（一九八九年）、平田オリザの演劇「東京ノート」（九四年）、是枝裕和の映画『歩いても歩いても』（二〇〇八年）である。ジャンルが異なる三者に共通するのは、平成の時代にあって昭和とどのように決別するのかを探り、どこが決別できずに固着しているかをしめす点である。

『東京画』と写真集

外からの発見というのは新しい権威づけと新鮮な見方の両方を与えてくれる。八五年に発表されたヴィム・ヴェンダース監督の『東京画』は、小津安二郎の『東京物語』に触発された監督が、小津の没後二十年を経た八三年の東京の風俗や風景を切り取ったものだ。16ミリで撮影されたことで機動性が増していて、パチンコや竹の子族やゴルフの打ちっ放しなど、当時のドキュメンタリーとして観ることができる。小津なら撮影したであろうというアングルで東海道新幹線の入線を撮影したり、小津が愛した50ミリレンズで新宿ゴールデン街を捉えたりする。もっともこれは自分のタイプの映像ではないとヴェンダースは否定する。そして笠智衆や厚田雄春へのインタビューも含まれている。笠が、自分が最近人気があるのはテレビドラマのせいで、小津映画に出ていたことが忘れられている、と語っているのが印象的である。この頃の日本では小津映画はほとんど忘却されていたのだ。

『東京画』は『東京物語』の冒頭で始まり、その終わりで終わる枠組みをもっている。ヴェンダースにとって「聖地」であるのは東京ではなくて、小津映画のなかの東京であり、映画そのものである。そして日本的だからこそ普遍的で、国境を越えて伝わる作品だとみなされる。自分の家族の物語として感じられるから重要だとする。最初から東京への幻滅は想定内だったわけで、『東京物語』の痕跡を見つけることはどうやらできなかったようだ。

もとよりヴェンダースが東京の地理に詳しいわけでもないので、『東京物語』が持っていた地霊的な意味合いを読み解くことはできなかった。映画的な驚きや物語的な感興に乏しい『東京画』の退屈さは、ヴェンダースが褒め称える小津映画の退屈さとは別物である。東京という空間に『東京物語』を探し求めても「無」であることを証明したように思える。代わりに、SF未来短編映画の『ラ・ジュテ』(一九六二年)を撮ったクリス・マルケルが、日本とギニアビサウの両極端を舞台にしたドキュメンタリーを作っているのと出会ったり、オーストラリアへ行く途中のヴェルナー・ヘルツォークと語るというように、ヨーロッパの映画人がそこに出てきてしまう。

小津映画のときには存在しなかった東京タワーの展望台で、ヘルツォークと会話を交わす。現代には適切なイメージは失われているので、それを考古学者のように発掘するしかないとヘルツォークは語る。まるで、カンヌ映画祭にやってきた映画監督たちに、映画の行方について質問したヴェンダースのドキュメンタリーテレビ映画の「666号室」（一九八二年）の続きのようだ。他の監督たちはホテルの部屋のテレビは点けっ放しのまま話を始めるが、ヘルツォークは靴を脱ぐとテレビを消してしまい、テレビと映画の違いについて熱弁をふるっていた。テレビによるイメージが映画に侵入することへの不安だったが、それをテレビ映画として放映したことに批評的な意味があった。

『東京物語』が日本でテレビ放映を公式に始めた五三年の作品であり、東京タワーが五八年に完成したテレビ塔であることを考えると、この変化は映画監督たちに不安と闘争心をあおっている。『東京画』ではタクシーのなかにもテレビがあり、さらにホテル内のテレビのチャンネルが次々と映し出される。断片的な「銭形平次」や「タモリ倶楽部」やジョン・ウェイン映画のあとで、日の丸が映り、君が代が流れると、日本製のテレビが世界に輸出され、そこにアメリカ製の番組が流れると、皮肉めいたコメントがつく。

いちばん重要なのは、レストランなどの食品サンプルを作る職人の工房を訪問する場面である。サンドイッチや天ぷらのサンプル作りが詳細に撮影されている。これを通して本物そっくりの人工性が、小津だけの専売特許ではなくて、日本の日常のレヴェルで存在することがしめされる。それはパチンコ店のきらびやかさと違い、小津映画とつながるものと感じられたのだろう。

ヴェンダースはそれから二十年以上を経た二〇〇五年に妻と来日して写真を撮影し、写真集『尾道への旅』にまとめた。『東京物語』への偏愛を隠さないヴェンダースは、東京の現在を撮影した『東京画』から一転して、今度は尾道を舞台にした。当時の尾道の日立向島造船所には、佐藤純弥監督の『男たちの大和／YAMATO』（二〇〇五年）の撮影に使われた戦艦大和の原寸大の撮影模型があった。原寸大の船が見える場所に置かれた赤いベンチや、甲板で赤い服を着た女性を見学客に混ぜて立たせたりした写真がある。コンクリートの壁についた赤い染みも撮影しているのは、赤好みの小津へのオマージュに他ならない。堤防の向こうに建物の屋根や木々が少しだけ顔を覗かせている写真は、『東京物語』での熱海の海岸や両大師橋の橋のコンクリートの欄干にさえぎられた眺望を彷彿とさせる。そして雲と太陽が印象的に尾道水道を見下ろすパノラマ写真もある。こうした切り取り方をしなくてはならないほど、尾道は『東京物語』の時代から大きく変貌していた。

二本の『みんな元気』

『東京画』はドキュメンタリーというジャンルの作品だったが、劇映画で『東京物語』との関連で語られることが多いのが、イタリア映画のジュゼッペ・トルナトーレ監督の『みんな元気』（一九九〇年）である。マルチェロ・マストロヤンニが演じるマッテオが五人の子供たちのところを訪ねる父親を演じた。トルナトーレ監督の前作『ニュー・シネマ・パラダイス』とつなげると特徴がよくわかる。そちらは映画監督になった主人公トトの回想によって、父親が戦死して母親と暮らしていた村の映画館を中心とした物語だった。父が不在の物語を反転し、今度は父が子供たちを訪ねる『みんな元気』となったわけだ。

妻亡きあと一人でシチリアに住む市役所の戸籍係だった父親が、ナポリ、ローマ、フィレンツェ、ミラノ、トリノと北上して五人の子供を訪ねる設定は、『東京物語』よりは『明日は来らず』に近い。そして子供たちそれぞれがついている嘘がばれていく。将来偉い人間になるように叱ったり殴ったりもしたのに、その期待から外れていたのだ。ナポリのアルヴァーロは行方知れずであり、ローマのカニオは党の書記ではなくて、演説の原稿書きをする地方組織の書記だった。フィレンツェのトスカは女優ではなくて下着モデルで、しかも父親のわからない赤ん坊を生んでいた。ミラノのグリエルモはオーケストラの打楽器奏者で目立たないし、息子はトラブルを抱えていた。そしてトリノのノルマは企業の重役という触れ込みだったが単なる電報係で、夫と離婚はしていないが長年別居していた。

牛乳瓶の底のような眼鏡で拡大された大目玉をぎょろつかせ、早口でしゃべるマストロヤンニは喜劇的だが、子供たちの嘘と現実を知り、シチリアとは異なる都会の生活にギャップを感じて疲労困憊してしまう。戸籍係として出生を記録した者の四分の三が島から出て行っている現実も語るのだ。単に戦後の時代というだけではない、本土とは異なるシチリアの歴史が顔をのぞかせる。

しかも、最後の訪問先のトリノで、娘の家に居づらさを感じて、夜明けにそっと外出するとタクシーもなくて、ホームレスに誘われて段ボールハウスに身を寄せるのだ。そこに幼い姿になった子供たちが幻想の中に登場して、父親に嘘をついた理由をそれぞれ述べる。このファンタジーの場面では、海で遊んでいた子供たちが、黒いクラゲのような怪物に空へと吊り上げられていく。それが彼らがマッテオから離れていく不安を表していた。

いくら電話をかけても通じなかったアルヴァーロが、じつは孤独のあまり自殺していたとわかる。いちばん大きな期待をかけた息子が死んだせいで、オペラの登場人物の名前をつけてまで子供の成功を望んだことが正しかったとは思えなくなってしまう。マッテオが誇りに思い列車の乗客に見せて回った写真で、家族がそれぞれオペラの役に扮装して集合しているのだが、幸福の象徴から、「演技をする人々」の集団の証拠へと変貌してしまう。

マッテオに与えられた唯一の慰めの場面は、フィレンツェからミラノへ行く途中に年金生活者の旅行団体と出くわしたことだ。一人の女性と知り合い、リミニの海岸を楽しみ、いっしょにダンスをして動きの速いポルカまで踊る。だが彼女は老人ホームに入っていて、子供たちが訪ねてこない孤独を語るのだ。バスを前にした二人の別れで、貴婦人にするようにマッテオは彼女の手に口をつける。この女性を往年のフランス女優ミシェル・モルガンが演じているのは、『夜の騎士道』あたりを連想させるトルナトーレ監督の観客サービスだろう。

エンディングは、マッテオがシチリアに帰ってきて、海の見える高台にある妻の墓に向かって「みんな元気」と言うところで終わる。アイロニーに満ちた場面に見えるが、エンドロールに赤ん坊が百万リラを握っている姿が出てくる。これはミラノのグリエルモの息子でマッテオの孫であるアントネッロの子供、つまりひ孫なのだ。孫といっしょにハンバーガーを食べに行ったり意気投合すると、恋人を妊娠させたと告白される。旅の終わりに倒れて入院したマッテオを見舞いに来たその孫に、子供を産ませること、多大な期待を持たないこと、そして最初に爪を切るときに運が向くように百万リラを握らせるようにと忠告するのだ。エンニオ・モリコーネの音楽に飾られたこの映画は、喪失よりもシチリアの外で未来につながる流れが生まれるほうを強調している。

これから二十年を経た二〇〇九年に、イタリア系の俳優であるロバート・デ・ニーロが主演したハリウッドのリメイク版『みんな元気』が製作された（日本未公開）。イギリスのガーディアン紙の映画評は、カーク・ジョーンズ監督が『アバウト・シュミット』や『東京物語』を狙っているとみなした。デ・ニーロ版はアメリカに舞台を置き換えて、鉄道や長距離バスやヒッチハイクの長距離トラックなどで大陸を横断することになる。四人の子供たちは画家や実業家や音楽家などで成功しているはずなのに、麻薬におぼれていたり、夫と別居状態だったりと、それぞれに裏がある。彼らの会話をつなぐのは電話だが、鉄道の横に延びた電話線を張り巡らすのが、引退前の主人公の仕事だった。他人をつなぐ仕事をしながら、自分の家族はつながっていないのだ。

子供たちに会いに行くと、彼らはみな父親を心配させないために嘘をついているのがわかるのはオリジナルの設定のままである。同居しているように振る舞うとか、指揮者ではなくて打楽器奏者だとか、タバコもやめていなかったり、赤ん坊をベビーシッターしているのではなくて同性のパートナーと育てていることがわかったりする。幼い姿にもどった子供たちに説教をする場面がやはり印象的だ。すべてを妻にまかせて傲慢だった父親像がゆっくりと壊れていく。その彼がホームレスに金を渡すときに説教をしたことで逆に襲われて、持っていた薬をこなごなに踏み潰される（オリジナル版ではカメラを壊されると逆に相手の頬をなぐりつける）。心臓の薬をきちんと飲めずに発作で倒れたことで、家族が集まってくる。

そこで明らかになったのは、画家になったデイヴィッドと再会を果たせないのは、彼がメキシコに出かけて麻薬の過剰摂取で亡くなったせいだった。妻についで息子を喪失したことで、主人公は本当の意味で自分の家族への態度を見つめ直すことになる。ここでは個人の嘘だけではなく、デイヴィッドの死を子供たちが父親に隠そうとした連携も別種の嘘となっている。父親を苦しませないための配慮だったのだが、彼は心臓発作に陥ることで過去の傲慢さを身体的に罰せられるのだ。

映画はクリスマスで家族が集まってきてテーブルを囲むという一種の幸福な終わりを迎える。主人公は、デイヴィッドといっしょに天国にいると思える亡くなった妻に報告するように「みんな元気」と繰り返す。そこにポール・マッカートニーが映画のために作った「カム・ホーム」の歌が流れてくる。『東京物語』の精進落しの食事場面とはまったく異なり、ハリウッド映画が得意とする「家族の再会と再生」を描くクリスマス映画の枠組みにはまっている。クリスマスが、お盆のように死者との対話をするという意味で関連を持ちながらも、時代の変化によっても壊れない強い家族の結びつきを描いている点で『東京物語』とは別の系譜に属するものになったし、マストロヤンニ版の苦い味は失せてしまった。

『ＨＡＮＡＭＩ』と『珈琲時光』

ヴェンダースが『東京画』の中で驚きとともに描いたひとつが、墓地での花見の場面だった。地面に敷いたシートの上に車座になったサラリーマンが魚肉ソーセージや缶詰をつまみに酒を飲んだり、ゴミが山盛りになっているのと桜の対比が印象的である。日本の「花見」のイメージを継承するように描いたのが、ドイツのドーリス・デリエ監督の『ＨＡＮＡＭＩ』（二〇〇八年）である。たびたび日本を訪れ、日本で撮影するのもこれが三本目であった。

いろいろな画家による富士山の絵が冒頭に出てきて、松竹のトレードマークへのオマージュがある。そして、『東京物語』の中で注意を向けられなかった富士山に向かっていくのだ。バイエルン州の田舎に住むルディとトルディの一字違いの名前を持つ夫婦が、ベルリンに住む子供たちを訪問する。それは夫が病を抱えていて死が近いのを知って、妻が促したものだった。ところが子供たちは忙しいし、娘は同性愛者の恋人と暮らしていて両親はとまどう。彼らが保養地であるバルト海へと出かけた時に、そのホテルでふいに妻のほうが亡くなってしまう。

ここまでが『東京物語』をドイツの中でなぞった部分だが、妻の日本と舞踏好きを知った夫がドイツを離れて東京へと向かうことで、この映画はまさに「東京」物語となった。妻のことを何も知らなかった夫が妻の服を身につけたりする。さらに、「舞踏」が日本とドイツをつなぐ鍵となる。大野一雄の弟子として、ドイツを中心に活躍している遠藤公義が踊る場面が登場する。水を使った舞台は美的に描かれているが、そこでは沖縄民謡の「安《あ》里屋《さとや》ユンタ」が使われる。日本にやってきたルディが出会う舞踏を行うホームレスのダンサーのゆうが、ピンクの電話といっしょに踊るときの曲も同じ沖縄民謡である。ゆうは英語を話せてルディとの意思の疎通は可能なのだが、とりわけ「影」を見せる舞踏の魅力を教えることで、亡くなった妻との距離を埋める手伝いをする。桜の中で白塗りで踊るゆうと出会う場面はとりわけ印象的だ。

この二人が親しくなって、富士山を見るために出かけることになる。実在する丸弥荘という温泉宿で、何日待っても「シャイ」な富士山は姿を見せない。そしてある朝、富士山が見える河口湖の前でルディが白塗りになって妻の服を着て踊る。亡くなった妻と二人で重なって踊るのだが、グロテスクでありながらも背景の美しさのせいで幻想的ななかで彼は死んでしまう。焼き場でゆうとルディの息子が骨を拾い骨壺に入れることで、妻と同じ運命をたどることになる。

対立する肉親の関係を結ぶのが、リンゴ一個なら健康を保てると信じてるルディが、息子のために作ったロールキャベツだった。息子は食べると母親を思い出して泣き出す。そしてルディとゆうがブルーシートにくるまってロールキャベツのように並ぶ姿が、ポスターなどに使われた。さらに中華料理の並んだ春巻きを指してゆうが息子に「あなたの父と母」というように、二つの並ぶ魂のイメージとして利用される。ここにあるのはインターナショナルになった日本の姿であり、そのなかでどのように異なる価値観の者たちがわかり合えるのかが描かれる。

『HANAMI』には、夫と妻、日本とドイツ、高齢者と若者、家を持つ者とホームレスなどの断絶やつながりや連帯が描かれる。親子の問題に終始している『東京物語』よりも題材の幅は広い。しかも俳優たちの異文化体験がそのままドキュメンタリー風に扱われるので、境界侵犯的な関係を新しく読み換えたものと見えてくる。妻の場合と同じく、夫のルディの遺骨が墓に納められる場面が反復されることで、あくまでもドイツ人にとっての「東京物語」であったとわかる。

ゆうが電話といっしょに舞踏をしている場面に続いて、富士山を背景に石川啄木の「飛行機」の「見よ、今日も、かの蒼空に／飛行機の高く飛べるを。」が歌として流れるのだが、「ひとりせつせとリイダアの独学をする」という一節が、『東京物語』で英語の教科書と格闘していた実につながる気がしてくる。意外なところにたくらみを持つ点でも、この映画は小津離れをしつつ、小津に迫ろうとした作品に挙げられるだろう。

ドイツと日本をぶつけた『HANAMI』に対して、すべて日本人俳優を使って日本語で製作された台湾の侯孝賢《ホウ・シャオシェン》監督の『珈琲時光』（二〇〇四年）は、『東京物語』五十周年を記念した作品である。小津作品へのオマージュがあるが、キャメラが固定するわけでもなく、16ミリを使ったドキュメンタリー風の撮影が多くて、画面を厳しく制御しているようには見えない。

現代の若者であるヒロインの陽子が、フリーライターとして東京で一人暮らしをしながら、台湾から高崎の実家や神保町や高円寺の古本屋や喫茶店を動き回る話である。彼女が住んでいるのが都電荒川線沿いなのは、幸一の家へのオマージュかもしれない。ヴェンダースの『東京画』が、小津映画には列車の場面が必ずあるとして、新幹線などの列車を執拗に描いていたように、『珈琲時光』も御茶ノ水駅の複数の路線が交差する場所に、多数の電車が同時に姿を見せるところなどを取り上げている。それが人生の交差の表現につながっている。

けれどもこの映画の第一の主題は歴史から失われた作曲家の発掘にある。実在した作曲家の江文也《ジャン・ウェンイェー》は生まれた台湾、教育を受けた日本、やむを得ず活躍した中国本土と、三つの土地に引き裂かれた人物である。敗戦による日本国籍の喪失によって、日本と中国に二つの家族を持ってしまった。その後、文化大革命で下放されて、それが原因で亡くなった。これは與那覇潤が『帝国の残影』で扱った、小津とその映画が持つ中国との関係を別の形で浮かび上がらせた映画となっている。ドキュメンタリー風にしつらえてあり、江文也の日本での妻と娘が登場して昔の写真アルバムを見せたりする場面は、陽子のフリーライターの仕事ぶりをしめすフィクションを超えて迫ってくるものがある。

全体にキャメラは落ち着かず、『東京物語』を彷彿とさせる構図や展開は少ない。陽子の実家で父親が夕食を待っている間に、横向きにぼんやりと見ているのは、画面には映らない音だけが聞こえるテレビだった。『東京物語』の最後で周吉が横向きに外を見ている構図が、茶の間でテレビを見ている構図へと転化している。そして、高崎から所用で上京してきた両親が、結婚せずに子供を出産しようと決意する陽子のアパートに立ち寄るところが、観光バスによる東京見物のあとで紀子のアパートに立ち寄った場面を思わせる。父親は憮然としたままビールを飲むだけで、娘も大事なことを告げようとはしない。その距離感は団欒とは逆に見えるかもしれないが、同時に家族は口に出さずとも互いに気持ちがわかるという暗黙の了解がある。陽子が店に返却するために寿司桶を三つ重ねて胸に抱いているショットが、ぴったりと寄り添う家族の姿をしめすのだ。

そして列車の中で眠っている陽子を、古本屋をしている陽子の相談相手の肇が見つけることで彼女の救いが見えてくる。肇は列車の車内や走行音を録音するマニアであり、それは作曲家江文也の痕跡を東京に探す陽子とつながっている。肇が寄り添うことで、東京で一人暮らしをし、台湾人の恋人とも結ばれないという陽子の生き方が肯定されるのだ。最後の場面で、山手線から地下鉄まで次々と列車が通っていくことで絡み合うイメージが、人々の生が出会って通り過ぎていくことだと納得がいく。

台湾人の侯孝賢監督によって、作曲家を通して戦争を挟んだ台湾と日本との複雑な関係が掘り起こされた。さらに、台湾人の恋人との子供を宿すヒロインを、台湾人を父に持つ一青窈《ひととよう》が演じるときに幾重にも関係が重なっていく。監督が故意に設定した血と国境のもつれなのだが、それ自体が『東京物語』という日本語の映画と、侯監督との愛憎に満ちたつながりを語っている。監督が影響を受けたのは、構図や物語の展開ではなくて、『東京物語』とのもっと私的で根源的な要素だと、物語っていることが重要なのだろう。

空襲を受け止めて

大恐慌時代における高齢者問題を扱う『明日は来らず』というハリウッド作品から発し

た要素を読み替えたのが『東京物語』だった。そして小津作品から強い影響を受けたのはドイツとイタリアだった。『東京画』と『HANAMI』と『みんな元気』が、そこに当てはまる。日・独・伊の三国同盟は共に他国を空襲した国々でもあり、スペインのゲルニカや中国の重慶が有名だろう。それとともに首都が壊滅的な被害を受けた国々でもある。第一次世界大戦から、戦いは地上からやってくるのではなくて、空から砲弾や爆弾やミサイルや毒ガスで到来する時代になった。空襲や空爆によって都市が破壊される状況は現在も続いている。こうした映画は、空襲や空爆そのものではなくて、それによって蹂躙されながらも復興した街を描いている。

他にフランスとイギリスが小津映画の愛好国だろう。フランスで最初に小津映画が公開されたときには、現在と異なり肯定的な反応はほとんどなかったのだが、イギリスのほうが小津安二郎を早く評価したと映画の輸出に従事する川喜多よしこは語っていた（『小津安二郎・人と仕事』）。「サイト・アンド・サウンド」誌における褒め過ぎとも言える評価も、イギリスだから当然なのかもしれない。結婚話以外に何も大きな事件が起こらない「退屈な小説」をジェイン・オースティンをはじめとしてたくさん産出してきたイギリスからすれば、「居心地のよい《コージー》」小津映画が格別な味わいを持つ映画だと感じられても不思議ではない。

『東京物語』を評価する国々は「戦場になった」という共通の体験を持つ。イギリスやフランスは第二次世界大戦の戦勝国だが、同時に首都が他国による攻撃で被害を受けた。敗戦国の首都は空襲を受けた。東京とベルリンはもちろん、ローマも解放後にドイツ軍による空襲があった。パリもロンドンもシチリアも復興されて表面上は近代的な建築が並んでいる。戦争の痕跡は復興や近代化によって薄れていくし、それこそがまさに世代交代と見えてしまう。観客も次世代の映画監督も、『東京物語』にそれぞれの戦後の抱きしめ方のモデルとなりえるものを感じ取るのだ。

そう考えるとフィンランドのアキ・カウリスマキ監督が小津安二郎を敬愛するのも、フィンランドが空襲された体験を持つことと関係するように思えてくる。冬戦争において旧ソ連のモロトフ外相が、他国の労働者を救済するという独善的な目的で空襲を開始した。それが空爆についてよく言われる「モロトフのパン籠」（焼夷弾のこと）の由来である。カウリスマキは『愛しのタチアナ』（一九九四年）の中で、民族的には憎しみを抱く相手でもありえるロシア人女性を好きになってしまった仕立て屋の悲喜劇を描いている。車でロシアにある彼女の家まで送るなかで浮かび上がるのは、強大なロシアという他者の傍らで生きるフィンランドの市井《しせい》の人々の生活である。かつて大国に蹂躙された自分の土地を描くことを通じて、過去の傷は消えないが、同時にそれにこだわり続けては生きていけないことがはっきりする。表面には見えないが空襲の記憶が感じられる点で、『東京物語』が紀子三部作の中でも『晩春』や『麦秋』よりも海外で好まれる理由となっているのではないか。

2 『東京家族』と山田洋次

松竹大船の系譜の中で

二〇一三年に『東京物語』六十周年を記念して製作されたのが山田洋次監督の『東京家族』だった。現代版リメイクということで、当然ながら設定やストーリーが改変されている。周吉たちは新幹線で品川駅に到着するし、平山家の兄弟姉妹の人数を三人に減らし、『麦秋』から取った間宮紀子が次男の昌次と結ばれて平山姓になる設定にして、未亡人と義父母との関係を回避している。日本アカデミー賞では作品賞や監督賞など多数を受賞したが、「映画芸術」誌では年間のワースト映画の一位に選ばれている。それだけ賛否の激しい作品となった。

山田は松竹大船撮影所の系譜を継いで、人気と興行収入で会社の屋台骨となり、撮影所の最期を看取った監督になってしまった。若い頃の山田は松竹ヌーヴェルヴァーグ派とおなじく小津を否定していた（『陽のあたる家』）。だが、黒澤明が小津を熱心に観ているのを知って見直すようになったとされる。そのため小津映画を批判的な形で摂取してきた。山田自身のいわゆる民子三部作が紀子三部作への応答とみなせる。長崎から北海道への汽車の旅を扱った『家族』（一九七〇年）と、瀬戸内海で埋め立ての石を運ぶ船を扱った『故郷』（七二年）、未亡人の恋を扱った『遙かなる山の呼び声』（八〇年）と続く。どれも『東京物語』を中心にしめされた問題提起をゆるやかに分散させながら描いているのだ。

二つの三部作を比べてみると、山の手のお嬢様風の原節子と、「下町の太陽」である倍賞千恵子が対照的なのは当然だが、風貌や振る舞いではなくて、最大の違いは子育ての扱いにある。小津は「永遠の処女」である原節子に乳飲み子を育てさせるのは耐えがたかったのだろう。紀子三部作で彼女が演じた役は結婚以前の娘か、子供のいない未亡人だった。『東京物語』後の小津映画における扱いも、いきなり成人した子供を持った母親役しかない。ところが民子役の倍賞千恵子は、子供を背負ったり手を引いて歩き回る。民子は一般庶民を表す「民」の字をもらったのだろうが、それだけに子育てを行いつつ畑仕事をし、ポンポン船も操るしトラクターにも乗るのだ。肉体労働をする民子と頭脳労働をする紀子とが対比されている。

『東京物語』を借用した『家族』において、長崎の五島列島の隠れキリシタンの末裔ともいえるカトリックの一家は、北海道という新天地へと移住する。ドキュメンタリー的な手法を取り入れたせいで、当時の社会世相がいろいろと入り込んでくる。石炭産業の衰退のなかで先行きに絶望した炭鉱夫の一家が、酪農をするために中標津《なかしべつ》に開拓に入る話である。七〇年に開拓が行われている点にも今さらながら驚かされるが、その移動経路にすっぽりと『東京物語』が収まる。祖父役の笠智衆を広島県福山（尾道の隣）の弟夫婦に預けようとするし、家族全員で大阪万博を見て、長女を病いで亡くす場所が東京になるのだ。

たどりついた北海道で祖父が交流をするために炭坑節を歌うところは、小津の『彼岸花』での場面を彷彿とさせる。その同窓会の席で、笠智衆は漢学者の元田東野《もとだとうや》が明治天皇の前で披露した漢詩の「芳山楠帯刀歌《ほうざんくすのきたてわきのうた》」を詩吟でうなり、そのあとみなで「青葉茂れる桜井の」で始まる唱歌「桜井の訣別」を歌う。これは楠木正成と楠木正行《まさつら》の父子の神戸の湊川での別れを描いたものである。それに対して『家族』の入植地で歌う炭坑節は未来とつながる響きを持っていた（それが山田にとっての満州の屈折した描き方となるだろう）。笠智衆はテレビ番組のインタビューのなかで、撮影所の所長の城戸四郎に「君は小津から可愛いがられすぎて、妙な風になったね」と叱られたが、一度だけほめられたのが『家族』での演技だったと述べている（テレビドキュメント「俳優　笠智衆　わたしと松竹大船撮影所」）。

二年後の『故郷』は瀬戸内海を行くポンポン船の側に視点を寄せている。呉市の倉橋島を舞台に、埋め立て用の石を運ぶ船で働く一家の物語である。『東京物語』の海を見下ろしていた視点を海から見上げる視点に転じたのである。民子の夫は、エンジンの老朽化で船を新造する金もなく、『家族』に出てきた福山のコンビナート建設工事によるバブルも一段落して不景気になったので、尾道の造船所で働く決心をする。向島にある造船所のようすがていねいに描き出されている。つまり『東京物語』で周吉たちが毎日見てはいても、映画の中では決して渡らなかった場所を描いている。

山田は東京の下町である葛飾柴又という場所を起点として往復を繰り返す『男はつらいよ』（一九六九年）という、列車や船の旅を主とするシリーズを作り続けた。同時に脚本参加にとどまってはいるが、四国高松から大田区羽田に移り、そこを起点に往復を繰り返す『釣りバカ日誌』（八八年）という海や川での釣りを描くシリーズへと拡散しつつ継承させた。『東京物語』のなかに眠っていた要素を広げていき、小津が流行の社会風俗を作品内に取り込むのをためらわなかった面を受け継いだ。列車とフェリーと渡し舟を好むのは、父親が満鉄に勤めていたSLマニアで、連絡船の到着する大連で育ったせいだろう。叔母の家があった山口県の宇部で暮らしたこともあるので、瀬戸内海の宇高連絡船の記憶も関係するのかもしれない。「植民地育ち」を自認する山田は、内地とつなぐ存在として船を捉えるのだ。『東京家族』においても、小津映画にはない登場人物がフェリーに乗る場面が出てくる。

紀子が担っていたモータリゼーションと物流の変化は、『男はつらいよ』への応答として東映が作った鈴木則文監督の『トラック野郎』（一九七五年）と結びつく。流通の要となるトラックの運転手を主人公にして、日本中で暴れさせたのである。主人公を『仁義なき戦い』で有名になった菅原文太が演じたことで、東映やくざ路線を踏まえた作品になっていた。もっとも、『男はつらいよ』自体が、国鉄のバックアップを受けて東映が渥美清主演で作った『喜劇急行列車』（六七年）に始まる三部作に想を得ている。渥美演じる自意識過剰な主人公の佐久間良子のマドンナとの妄想場面が毎回あるし、『喜劇団体列車』ではミヤコ蝶々が主人公の母親役になっていて、『男はつらいよ』でも繰り返される。だから東映としては松竹から発想を取り返しただけなのかもしれない。

東映の最後の時代劇ともいえる加藤泰監督の『沓掛時次郎 遊俠一匹』（六六年）の冒頭で、渥美清は身延の朝吉として、中村錦之助の時次郎に向かってみごとな口調で仁義を切っていた。これがフーテンの寅の啖呵とつながっているのは間違いない。しかも加藤泰は山田や野村芳太郎といった松竹映画陣と関係が深く、松竹において安藤昇を主演にすえた『男の顔は履歴書』を作るだけでなく、任俠物の『人生劇場』や『花と龍』さらには『宮本武蔵』までもリメイクしている。

山田洋次は次に『幸せの黄色いハンカチ』(一九七七年)で、東映やくざ路線の看板俳優だった高倉健を主演として呼び込むのだ。この映画での移動手段は、もはや鉄道ではなくて都会の青年が買い込んだ真っ赤な車であり、鉄道はその役割を終えていた。さらに『家族』で民子の一家が目指した開拓の地である北海道の中標津を舞台にして、子供のいる未亡人の民子の再婚問題を扱う三部作の完結編『遙かなる山の呼び声』(八〇年)を発表した。タイトルがしめすように『シェーン』の構造を借用しながら、殺人の罪をつぐなって出所してくる男を待つという幸福な結末の物語を作る。もちろん『幸せの黄色いハンカチ』と同工異曲なのだが、『東京物語』があいまいにした未亡人の将来という部分に焦点を当てていた。

『男はつらいよ』における摂取と反発

六九年にスタートする看板シリーズの『男はつらいよ』が、下町を舞台にした小津の喜八物の延長という指摘は佐藤忠男などによってなされてきた。ところが山田本人は公式には小津の影響を否定する。山田は大阪豊中生まれで満州育ちだが、引き揚げ体験で見聞きしたことから、松竹大船調の「下町人情物」の世界を好むところがあった。

車寅次郎の造形には先行作がある。山田は藤原審爾の短編小説「庭にひともと白木蓮《はくもくれん》」を加藤泰の脚本で『馬鹿まるだし』（一九六四年）として映画化した。備前岡山の町を舞台にハナ肇が演じる、シベリア帰りの乱暴だが愛すべき安五郎という人物が活躍する。ここでは戦争に行った夫の生死が不明の女性が彼のマドンナになっていた。そして『無法松の一生』の舞台劇まで出してきて、流れ者が人妻を思慕するパターンが重ねられる。これは『シェーン』なども思わせるので山田も気に入ったのだろうし、その後、ハナ主演で馬鹿シリーズとして合計三本が作られた。

同じくハナを主人公の熊五郎役にすえて、落語に基づく江戸の長屋物の『運が良けりゃ』（六六年）を発表した。江戸の長屋を舞台に、落語の「妾馬《めかんま》」から題材を得た、乱暴者の兄としっかり者の妹という対比があるが、落語と異なり、最後には妹は身分相応の相手との結婚で終わる。明らかに『男はつらいよ』の元ネタとなっている。惚れた人妻のためにひと肌脱ぐという『馬鹿まるだし』の安五郎という人物と、乱暴者の兄であるこの熊五郎を踏まえると、フーテンの寅は、喜八物から発想したのではないとする主張はもっともに思える。山田本人が喜八物をいちばん意識したのは、松竹の過去を見つめなおした『キネマの天地』（八六年）だったのかもしれない。映画館の売り子から女優になるヒロインの父親の名前に喜八を採用していて、渥美清が演じていた。

この『運がよけりゃ』のシナリオを山田と書いたのは山内久だった。山内といえば一九六七年のテレビドラマの「若者たち」が有名だが、川島雄三監督の『幕末太陽傳』（五七年）と今村昌平監督の『豚と軍艦』（六一年）の脚本も担当している。しかも、山内が結婚した相手こそが、野田高梧の娘で小津作品の清書係をしていた立原りゅうであり、この結婚をめぐるあれこれのいきさつが、『晩春』以降の小津作品の結婚物に大きなヒントを与えたのだ。

車寅次郎は、「山田＝ハナ」コンビが生み出した人物像の延長上に生まれた。渥美清が主演して人気だったTBSの「泣いてたまるか」に対抗するために、フジテレビの演出家の小林俊一が、山田に『男はつらいよ』の脚本を依頼したのが始まりだった。小林のコンセプトもかなり入り込んでいるはずだし、実際、小林は柴又を中心にドラマが展開する映画第四作の『新・男はつらいよ』（七〇年）の監督も行っている。

本人の公式の否定にもかかわらず『男はつらいよ』には山田の小津へのオマージュが感じられる。舞台は川向こうの千葉との矢切の渡しがある葛飾柴又で、ぎりぎり東京の下町なのも、シリーズで映画の冒頭に必ず土手の場面があるのもつながりを思わせる。東京大空襲で被害を受けなかった場所を探し出して物語の中心に据えた。東京の周縁にまで行かないとかつての下町のリアリティが得られなかった。ミヤコ蝶々演じる寅次郎の実母は深川芸者なのだが、その後流れて大阪へと行ってしまう。寅次郎がハブに噛まれて死んでしまうテレビ版と『続・男はつらいよ』の、どちらにも坪内逍遥ならぬ坪内散歩先生を登場させ、東野英治郎に演じさせたのも、『秋刀魚の味』などの小津映画を意識してのことだろう。

一度テレビで死亡させた寅次郎を映画で復活させたときに、会社との話では五作で終了するはずだった。ところがそれ以降も四十八作目まで製作が続いた。完全に山田自身のものとなった「男はつらいよ」のシリーズの中で『東京物語』に近寄ったのは、岡山県高梁の出身である博の母と父の死を扱った二作である。尾道は広島だから別の県の話と考える人は、尾道が備後に属し高梁《たかはし》が備中にあることを忘れている。尾道は同じ広島県にあっても、安芸広島とは別の文化圏に属する。高梁と尾道は、どちらも町のたたずまいから小京都とみなされてきた。それに『馬鹿まるだし』の備前から続く山田にとっては、瀬戸内ものでもある。

第八作の『男はつらいよ 寅次郎恋歌』(一九七一年)は、博の母が亡くなって三兄弟と姉の家族が集まるという話が前半にある。これは『東京物語』のとみの死の場面の再現である。葬式では背後に蒸気機関車が絶えず黒い煙を吐いて通り、「父親の面倒を誰がみるのか」という主題が語られる。父親や二人の兄は、よく尽くしてくれた死んだ母親を「欲望の薄い女だった」とみなしているのに対して、三男の博は、彼女なりに海外に行って華やかな舞踏会で踊る夢があったにもかかわらず、学者である夫に遠慮してやりたいことを封じ込めていたと反論する。この告発は『東京物語』で周吉が「気のきかん奴でした」と一種の照れも含めて否定しつつ、「生きとるうちにもっと優しうしといてやりゃアよかった」と述べた、妻の扱いへの批判に聞こえる。ひとりで暮らすようになった博の父親に「運命に逆らうな」と諭されて寅次郎は柴又に戻る。そこでは喫茶店を開いた子連れの未亡人との恋愛騒動が待っていた。

第三十二作の『男はつらいよ 口笛を吹く寅次郎』（一九八三年）は、『東京物語』から三十周年にあたり、間違いなく強く意識した作品になっている。博の父親の死のあとで、なかなか来られなかった墓参りにと高梁の寺に寄った寅次郎が、その寺の娘と恋愛騒動となる。その蓮台寺は浄土寺のように急な石段の上にあるし、小津からのオファーがありながらスケジュールの関係で『東京物語』に参加できなかった佐田啓二の息子である中井貴一を彼女の弟役で登場させていた。

今回のマドンナ役の竹下景子が演じる寺の娘朋子は「出戻り」で、寅次郎が酔った住職の代わりに法事を無事に勤めたことで人気を得たせいで、カメラマン志望の弟の代わりに寺を継ぐ候補とみなすのだ。町の人たちが噂をするまでになって、寅次郎もまんざらでもなくなり、柴又に戻ってきて相談する。だが、修行が勤まるはずもない寅次郎は、結婚の決意を秘めてやってきた朋子にきちんと返答できない。代わりに、地元の大学も辞めて東京に出てきた弟と、彼を追ってきた幼馴染の酒屋の娘が、寅次郎のねぐらである「とらやの二階」において結ばれるストーリーが展開する。

映画の最後には、現在「しまなみ海道」となっている因島大橋が出てきて、尾道の向島へと行くフェリーの廃止を告げる看板が姿を見せる。映画の冒頭で出会った、やもめで一人娘を連れた建設作業員はその建設現場で働いている。その男が飯場で知り合って結ばれた女性と三人で向島へと遊びに出かけるのに便乗するように、寅次郎もフェリーで渡っていく。洗濯物を取り入れ忘れたという彼女の言葉とともに、干した洗濯物が翻っているショットで全編が終わる。ここは『東京物語』よりも『お早よう』の洗濯物に近いイメージを与える。

『東京物語』三十周年に作ったこの作品によって、山田は小津の呪縛から抜け出したように思える。製作時に山田自身が五十二歳であって、小津が監督した五十歳を超えていたのも一因だろう。ロケーションから配役まで『東京物語』とつながる要素を使いながら、仏に仕える修行ができずに、入り婿にはなれない寅次郎の断念による失恋のかたわらに、東京に出てきた若者の愛の成就と、パートナーを失った家族の再生をおいて、似て非なる物語を紡ぎ出すことができた。

『家族』以降の作品群で、敗戦と戦後の近代化は、山田にとって重要な瀬戸内海の島々の風景や、空襲を受けた福山の復興とコンビナート建設によって描き出されてきた。モータリゼーションのなかで「しまなみ海道」が建設され、ポンポン船に代表される船の役割が本格的に終わり、寅次郎を乗せたローカル線の鉄道の時代も去っていくのを見届けたこの映画が、『東京物語』へのひとつの応答となった。しかも、映画の最後では博の家に正月の初荷としてパソコンが届くように、次の時代が押し寄せていることまで描いていた。六八年のテレビ版で、妹のさくらが都心の企業でコンピューターのキーパンチャーをやっていたことを思うと、先端のテクノロジーが家電となって入り込んでくるという社会変化をしめしている。この映画以降、山田が小津映画を批判的に摂取する意欲は薄れた。

そして同じ竹下景子をマドンナに据えた第四十一作の『男はつらいよ 寅次郎心の旅路』(八九年)では、博の母の夢だったウィーンの舞踏会を画面いっぱいに映し出すことで、山田なりに感じ取っていた違和感を解消させた。それは、夫唱婦随で夫に尽くす平凡な妻とみなされる『東京物語』の平山とみの心のなかにも、彼女なりの欲望や願望があり、それが夫に理解されないまま亡くなったのではないかという疑問だった。その答えを映画的にしめしてみせたのだ。その後は主演の渥美清の健康問題もあって、製作が年一回のペースとなり、出番を減らすように甥の満男の恋の話にずれて行き、また別の物語へと転換してしまう。このシリーズは五十作で完結という予定をまっとうすることなく渥美の死によって終了したが、第三十二作か、遅くとも第四十一作でひとつの結論に達していたのだ。

こうした山田の小津受容の流れに『東京家族』を置くと、いちばん見事に読み替えた『男はつらいよ 口笛を吹く寅次郎』（一九八三年）から三十年の時を経て、ずいぶん後退してしまった感がある。ここで描かれる死は、戦争ではなくて東日本大震災によるものだし、母の死は東京で訪れ、故郷の瀬戸内の大崎上島（『東京物語』で平山家が遊びに行った大三島の隣にあたる）へは遺骨となって帰る。台詞や構図も含めてどこまでも初めに『東京物語』ありきのリメイクでありながら、人物関係の変更や物語の展開に必然性をあまり感じさせない。二〇一一年の公開予定が東日本大震災によって作品製作も含めて延びたわけだが、この自然災害から社会的な惨事を招いた出来事を取り込むのであれば、いっそのこと平山一家を映画でも言及される陸前高田の出身にしたほうがアクチュアルだったとさえ思える。『馬鹿まるだし』以来の山田の瀬戸内海好みが一種の足かせとなった。

クライマックスとなるはずの周吉と紀子の場面も、息子と結婚が決まる相手との予定調和的な会話のせいで盛り上がりに欠ける。不満が生じたのは、私たちが『東京物語』の台詞をすでに知っているせいだけではない。周吉役の橋爪功が達者に語るせいで、彼の当たり役の二時間ドラマの探偵が謎解きをする場面のように、台詞がするすると流れてしまい内容が心に入ってこないのだ。当初配役として想定されていた菅原文太だったならば、『仁義なき戦い』での広島弁を背負った別の人物像となったはずである。

クライマックスで重要な形見の腕時計を渡すところも、妻のバッグから無造作に取り出すのが違和感を与える。すでに腕時計をしている紀子には無駄に思え、「机の片隅にでも置いてください」という周吉の忠告のままになりそうだ。有名な「猾いんです」という紀子の台詞はなく、あれこれ世話をしたのも「嫌な顔ひとつせずなんて、うそなんです」となっていて、紀子が後悔しているのは、義理の父親となる無口な周吉へ反発したことだった。未亡人という設定を捨てた以上当然かもしれないが、これでは紀子の重みが失われてしまう。義理の父娘となるための心理的な契約を結ぶ場面にしか見えない。

こうした一種の停滞が起きたのは、映画内に『東京物語』の昭和ではなく、『東京家族』の平成の世界をつかまえる視点を持ち込めなかったせいだ。『家族』や『故郷』にあった時代や社会との緊張感が失せてしまっている。撮影母体とも言える松竹大船撮影所を利用できなくなったことに加え、小津が体験できなかった還暦以降の「晩年」を、映画監督としてどのように過ごすのかに関して、山田本人が手探り状態なのだ。逆説的にだが、山田の『東京家族』によって小津の『東京物語』の台詞を借りた直接のリメイクは困難だと証明されてしまった。それを払拭するかのように、山田は同じ役者たちを配した『家族はつらいよ』の二〇一六年公開を予定している。

3 『東京物語』を読み替える——荒木経惟・平田オリザ・是枝裕和

荒木経惟の『東京物語』

「大喪の礼」という、昭和から平成への大きな変化を受け止めた現場批評として撮影されたのが、荒木経惟の写真集『東京物語』だった。タイトルの借用には、荒木自身のこの映画や原節子への強いオマージュが含まれている。

荒木は映画の幸一の家に近い荒川区南千住にある浄閑寺の前で生まれた。この寺には安政の大地震、関東大震災、東京大空襲の犠牲者を含む吉原の遊女や関係者二万五千人を祀る新吉原総霊塔がある。経惟という名前をつけたのもこの寺の住職だった。荒木の土地勘は下町を中心としているので、写真集の中でも月島や佃島や、さらには夢の島といったあたりを好むのだが、同時に銀座や渋谷や新宿も視野に入っている。撮影時には世田谷区の豪徳寺に住んでいて、下町と山の手の二つの世界を行き来していた。

写真集の表紙になっているのは、マリリン・モンローが『七年目の浮気』でニューヨークの地下鉄の通気口の風にスカートを捲り上げられた瞬間が大きく拡大されて渋谷の「109」の外壁に飾られているところである。このとき渋谷が「第二回東京国際映画祭」の会場だった。すでに表紙に映画への屈折した思いがこもっている。もっともキャプションで「だれもみあげない」と風景の中で日常化してしまって衝撃力を失っていることを自嘲気味に述べていた。この写真は百二十枚の六十番目に来るように配置され、全体の折り返しとなっている。この当時の東京の生成と解体が並存する風景を象徴的に表している。

荒木は「アッジェしにいく」とコメントをつけるが、これはパリの街角を十九世紀末から一九二〇年代にかけて計画的に撮影したウジェーヌ・アジェ(アッジェ)のように撮ることをさす。そのため、家の前の雪景色や妻や猫の写真から始まりながら、新宿のゴールデン街のような、地上げの結果として解体され変貌していく町の風景がある。印象的なのは早稲田の弥生時代の遺跡が出てきて発掘調査されている現場の写真で、過去の上に現在の世界が載っていることが明白となる。さらに渋谷などの性風俗の女性たちが登場し、いろいろな生態が描き出されている。小津が「さかさくらげ」でしめしながら、直接には描かなかった世界である。この混沌こそが東京だと言わんばかりである。

構図の真ん中あたりに垂直線を置く、いわゆる小津的アングルが、この写真集には散見される。光が丘の団地にあるゴミ処理場の煙突を背景に少女たちがローラースケートをしている写真がいちばん典型的である。こうした中心線は電柱や街中のヒマワリの場合もある。また夢の島公園で見える二本の煙突は、『東京物語』の発電所の煙突だけでなく、『一人息子』の母と息子が語る、しんみりとしたショットの背景にあった煙突を思わせる。発電にもゴミを燃やすのにも煙突が必要なのだ。そしてお台場のサーフィンの群れ越しに東京タワーを捉えているのは、小津映画で皇居前から見たテレビ塔に近いものを感じさせる。

写真集の全体にわたって、見開きの二枚ずつのセットが効果を発揮している。いちばん見事なのは最後の一連の写真の組み合わせだろう。百十枚目では、屋上プールに立つ柱を墓石と見立てて遠くの副都心のビルと重ねるが、その反対のページには、渋谷の交差点に一瞬できた人も車も通らない空白があり、対比されている。次に六本木の建物にゴリラがぶら下がる装飾を取り込んで空の「うろこ雲」を見せ、今度は谷中にある家の屋上にラクダの置物があるのを画面に収めている。同時に、くたびれた看板の「丹野歯科医院」の「医院」という文字がさりげなく読めるアングルが選ばれているのも、まさに平山医院へのオマージュだろう。

さらに幹が切られても、そこから細い枝がたくさん伸びた木が二本並んだシルエットは「死生観」と題されている。その向かいのページにあるのは光を浴びた樹と花である。そして最愛の妻と猫の写真が並び、死んだふりをした荒木自身の姿と十七代目中村勘三郎の葬儀での喪服姿の遺族が対比される。周吉ととみの老夫婦とその死別が重ねられている。

百二十枚目となる単独の写真には、コートと帽子姿の品のよい老人がこちらに背を向けて道路の脇に座っている姿が捉えられている。東京をきちんとしたスーツ姿（その下はサスペンダーでズボンを吊っていた）で歩いていた周吉の後ろ姿が連想される。しかも「世田谷の遊歩道にて。晩秋の昭和天皇」とキャプションがつけられ、『東京物語』が持つ喪失感がどこにつながるのかをはっきりとしめして衝撃的である。左の上部がフィルムに光が入って感光したように白く縁取られ、ページをめくると時代が去っていく印となっている。他にも天皇誕生日に皇居へ入って撮影した写真が三枚挿入されていて、昭和の終焉と地上げによる戦後の風景の解体とが二重写しになっている。荒木が写し取った東京の姿は、変化の前後をはっきりと提示している点で小津とは異なるのだが、「大喪の礼」を背景にしたことで、映画が内包していた感情の一端を教えてくれたのだ。

平田オリザの『東京ノート』

写真ジャンルだけでなく演劇というジャンルにも『東京物語』は影響を与えた。それを受け止めたのが平田オリザの『東京ノート』だった。平田は劇団青年団を主宰し、現代日本語の口語についての独自の考えに基づいて演劇を作ってきた。その延長上に二〇〇六年以降、大阪大学でロボット工学者の石黒浩と共同で、ロボットや人間そっくりのアンドロイドを使った演劇のプロジェクトを開始し、自作の『さようなら』やチェホフの『三人姉妹』の上演を行ってきた。

平田の最初の目覚しい成果が『東京ノート』であり、一九九四年に上演されると第三十九回岸田國士戯曲賞を受賞した。同じ年に出版された設計図とも言える脚本を見ると、上下二段に組まれ、複数の人物の動きが同時に進行するようすが厳密に指しめされている。人物の出し入れが「二分後」などと時間指定され、場面も「3・1・1」と映画のように細かく名づけられている。認知心理学に傾倒する平田は、こうした演技のフォーマット化に興味を抱いてきた。

『東京ノート』は『東京物語』の観光バスのデパートの場面からヒントを得たといい、現代の東京では物語になりきれないから「ノート」だとする。十年後の未来を想定し、美術館のロビーで終始話は進むが、人々の呉越同舟という点では、映画での観光バスだけでなく品川駅の待合室のイメージも投影されている。この美術館には、「冷戦後」も戦争を行っているヨーロッパから七十四点の絵画が一時的に日本に引っ越してきている。それを見物する客たちがロビーで交わす会話が劇の中心となる。

平山家の人々にあたるのが、ここでは秋山家の五人の子供たちとなる。長男は学校に勤め、次男は「対戦車ミサイル」を製造する企業に勤め、三男はその下請けとなる部品を作る会社で働く。長女は故郷で父と共に暮らし、次女は東京でプログラマーをしているという設定である。次男の嫁つまり紀子にあたる好恵は、子供がいるが夫との離婚を考えているので義理の姉妹との関係もぎくしゃくしている。それと並行して斎藤という画家の絵を、この美術館が受け入れることをめぐる話が進んでいく。

ばらばらに出てきた登場人物たちはゆるやかな結びつきを持つ。絵を鑑賞しに来た二人の女子大生の一人は、かつての家庭教師が恋人を連れてきているのを見かける。彼女は家庭教師に恋心を抱いていたのだが、隙を見て別れを告げるのだ。その家庭教師の男は反戦の運動をかつてやっていて、そこから手を引いた人物でもある。昔の仲間が通りかかることで過去がわかる。他方で義務だからと平和維持軍に出かけようとする人物も登場する。そして秋山家の三男が自分の会社で難民を労働力にして兵器の部品を製造するのを、「自分たちの家族を殺す武器とか作ってんです」と皮肉を言うと、どっちの側にも売っているから守っている武器かもしれない、と次男は言い返す。そうした多様な意見を浮かび上がらせ、ゆるやかな社会のつながりを見せている。映画の『グランドホテル』で有名になった複数の人生が交差するようすを見せるタイプに思える。

けれども何よりも重要なのは、観客からは見えない絵が壁の向こうにあるとされている点だ。演劇言語が持つ喚起力が利用される。ゴッホの名前なども出てくるが、中心となるのはフェルメールの絵である。それが『東京物語』での人物の構図と重ねられている。周吉が家の外を見る構図と、フェルメールの左の窓から光を浴びる一連の絵、たとえば「窓辺で手紙を読む女」や「天文学者」などが重なってくる。そして学芸員による「カメラ・オブスキュラ」の説明が出てきて、画像がフィルムに定着する前からあった演劇的な構図について語られる。フェルメールのようなオランダ絵画が、この『東京ノート』の背後にあるが、生活を人工的に再構成する試みにつながる。

平田は、その後展開するロボットあるいはアンドロイド演劇が文楽に影響を受けたことを認めているが、俳優たちが動きや表情を制御する機械と共存することは、小津の『東京物語』に新しい視点をもたらす。小津はリハーサルを繰り返すことで、笠智衆や原節子の表情を能面化したことが指摘されるが、平田の方法論から考えると、文楽やロボット演劇につながる可能性を秘めていた。『晩春』の能の引用や『麦秋』の歌舞伎の様式化とも関連する。「非人間化」に見えるが、感情と表情とが安易にわかりやすく結びつくのを嫌うことで、別種の繊細さを表現している。小津映画は、背景に視野をさえぎる壁を出してきて遠近法を閉ざすのだが、その結果、ホームドラマとしてきわめて演劇的な空間を作っていた。

平田がコソボ紛争などを実際に見聞きしたせいで、「空襲」について時事的な言及をしているが、劇の中では十年後も戦争が続いている。これは『東京ノート』にとってフェルメールの絵とおなじく背景にすぎなかったのだが、今でも現実的な厚みを与える設定になっている。韓国をはじめヨーロッパでこの作品が上演されるのも、作品には登場しない過去を間接的に表現する『東京物語』から平田が得たもののおかげだろう。

是枝裕和の『歩いても歩いても』

『東京物語』と『麦秋』を文字どおり「換骨奪胎」したのが是枝裕和監督による『歩いても歩いても』(二〇〇八年)だった。是枝は二〇〇三年の国際シンポジウムで、自作の『幻の光』の撮影で小津調の構図になったことを告白し、意識的に小津の人工性を受け入れて「自分のなかの根っことして持っていたある種のリアリズムを見つめ直している」と語っていた。その成果が『歩いても歩いても』となっている。

是枝作品にはドキュメンタリータッチで、演劇のように状況を与えておいて俳優に即興的な演技をさせながら作っていくことが多い。シナリオを完成させて台詞や所作をすべてコントロールする小津とは異なるタイプに思える。今回登場する子供たちの演技は状況を与えた即興的なものだったが、それ以外ではこの映画では隅々まで配置が考えられて小津調に近づいている。しかも『突貫小僧』から『お早よう』まで子供を扱うのが得意なのが小津映画だから、アプローチは多少違っても、その点を受け継いだのかもしれない。

いしだあゆみが歌った「ブルーライト・ヨコハマ」の歌詞からタイトルをもらい、横浜に近い湘南の海が見える高台にある病院が舞台となる。しかも「平山」ではなくて廃業した「横山」医院なのは、幸一夫婦が郊外にそのまま病院を持っていたら、たどるかもしれない運命を描いている。これは『麦秋』で長男の幸一が大学病院をやめて北鎌倉の自宅を改造して開業する話を借用したわけだ。そして幸一の世代が高齢化したときの物語を語っていて、亡くなった長男の命日に残った家族が集まった二日間を中心に描いている。

いきなり母親のとし子と娘が台所で人参と大根を調理するところから始まる。これは小津が最後に準備しながら未完に終わった『大根と人参』への言及で、「大根のきんぴら」の作り方を、次男の嫁が「教えてくれ」と最後に愛想を述べる。この映画の中心人物である次男の良多は、兄の死にとりつかれた家に帰ることに気が重い。映画は小津が『麦秋』や『東京物語』で間接的にしめした「省二／昌二」の死の意味を問いかけるのだが、戦死ではなくて事故死であり、おぼれた子供を助けた「名誉の死」であった。けれども、横山家の恭平ととし子の夫婦にとっては跡継ぎとなるべき長男の喪失であり、とし子は、他人の子供を救うためにかけがえのない息子を失ったことが納得できず、生き延びたその子供をわざわざ息子の命日に呼んで居心地の悪さを体験させるのが「恨む相手のいない死」への復讐になっていた。

こうした展開そのものが次男の良多にはうっとうしくなる。長男亡きあとに跡継ぎを期待された重圧もあり、進路として医者ではなくて美術修復士を選ぶ。絵画などの芸術作品を元にもどす職業を選んだのだが、現在は失業しているし、家族との関係を修復することにも成功していない。彼が選んだ子連れの未亡人との結婚に母親は否定的なのだが、その理由は夫と死別しているせいなのだ。死者の記憶には勝てないし、子供ができる前に別れたほうがいい、とまで忠告する。こうした発言に息子を失った母親の気持ちがこもっている。

この母親を捉えている感情を具体的にしめすことで、『歩いても歩いても』は、山田監督が『男はつらいよ 寅次郎恋歌』で一部取り上げていた『東京物語』のとみが抱えていた感情を外に出してみせる。静かで従順に見える母親のとし子に隠れている別の面をあからさまにするのだ。これはタイトルの「歩いても歩いても」とも関係する。彼女がどんなに長く人生を歩いても、長男の死に納得したり、夫の恭平の裏切りを許しはしない。封印してきた感情が、長男の死の命日に黄色い蝶々として出現する。これは「昌二がまだそのあたりにおるような気がする」と言う、とみの幻想を具現化している。

どこか不安定な精神状態を持つ母親とし子を演じた樹木希林は、志げを演じた杉村春子の付き人をした経験があるし、服部の妻を演じた長岡輝子とも関係が深い。そうした女優たちの衣鉢を継ぎ、現実的なのだが、どこか狂気をはらむ女性を演じた。他人に対してがさつで無遠慮なところがあり、風呂につかって入れ歯を蛇口で洗いながら文句を吐いたりする。それでいてクラシックやジャズを好む夫とは別の、歌謡曲好きな一面を密かにはぐくんでいた。とし子は子供たちや夫とギクシャクとした関係を持ちながらも、「大根のきんぴら」や「トウモロコシの天ぷら」などを作ることで、食卓から家庭を維持しようとするふつうの主婦でもある。好演した樹木が、ブルーリボン賞やキネマ旬報賞などをもらったのも当然だろう。

横山医院をすでに畳んでしまった夫の恭平を原田芳雄が見事に演じていた。見栄を張って、コンビニの袋を提げて歩くのは嫌だとか、自分が家長であることを確認するかのように「ここはお婆ちゃんの家ではない」と抗議して、長女に「小さい奴」と笑われたりする。将来を託すべき長男を奪われた怒りを、ふがいない次男の良多や命を救った男へと向けるしかないのだ。

とし子が息子の死を連想させる海に近づくのを避けるのとは異なり、恭平は次男とその妻の連れ子との親子三代で明け方の海岸の散歩に出かけ、どうにもならない変化に戸惑いながらも受け入れつつある。近所の知り合いの老人が危篤状態になったときに、町医者として助けられずに、救急車を呼んでもらう場面は無力感にあふれている。それは海で溺れた長男を助けることがかなわなかった悔みとつながっている。

その長男の墓に、おそらく恭平が早朝そっと供えたひまわりの花を、息子夫婦と墓参りをする妻のとし子は無造作に引き抜くと、自分が持ってきた花と換えてしまう。そして抜いたひまわりを通りすがりの他人の墓にさっさと供えてしまうのだ。恭平はこうした妻の無神経さに耐えられなかったのである。老後にはさまざまな力関係が逆転して仲が悪い夫婦だが、もちろん二人とも平凡ではあっても悪い人物ではない。

高台のある家へとつながる階段、海を見下ろす墓地への坂道、そして海岸へ出るまでに渡る歩道橋などがたくみに使われて、平坦な道だけを歩くわけではないことが表される。良多は車に乗せてやると母親に約束していたのだが、とうとう果たせなかった、とナレーションが入る。両親の死後に、良多の一家が墓参りをするところで映画は終わる。

良多は兄の命日にはたえずケータイで就職活動を行っていたのだが、今は娘も一人増えて成長した妻の連れ子ともうまく生活しているようすがうかがえる。墓地からの帰り道に坂を下りて自分の車へと乗り込むのだが、姉の夫が車のディーラーをやっていて「RV車」を勧めていたことを思い出す。これは『お早よう』で、近所づきあいからテレビを買う破目になった展開の借用である。もちろん車を所有できるほどの経済的な余裕もできたわけである。命日に電車とバスを乗り継いでやってきた場面が、ここで生かされている。

『歩いても歩いても』では、何かを行うタイミングがずれて間に合わないことに焦点が当たるのだが、遅れつつもゆっくりといろいろなことが変化していく。ゴンチチの演奏するどこか気怠い音楽とともに、エンドロールの背後に電車が画面を左から右へと横切り、『東京物語』の冒頭と重ねられて全編が終わる。この映画は『東京物語』が「親孝行をしたくなる映画」を狙ったものだとする小津の言葉にかなう内容になったと言える。是枝なりに国際シンポジウムで話していた宿題の回答を、遅ればせに提出した作品となった。こういう形で遺産は継承されていくのだ。

おわりに　外に開くものとして

前章で触れたようにヴィム・ヴェンダースの『東京画』に始まり、是枝裕和の『歩いても 歩いても』に至るまで、小津安二郎の影の下にさまざまな作品が作られてきたが、小津作品に対して批評的な目を持ってこそ新しい魅力的な作品が生まれる。山田洋次の『東京家族』のようなリメイクではとうてい捉えきれなかった。小津作品はテーマやストーリーにそれほど主眼はなくて、レトリックにこそ持ち味がある。その意味で『東京物語』は古典の位置を占めている。

小津の『東京物語』を現在読み直すのに必要なのは、外に開くものとしてこの映画を捉えることだろう。そもそも、さまざまな起源を持つイメージが寄せ集まって『東京物語』は構築されている。小津が観た映画や幼少期からの体験はもちろんだが、野田高梧が観た『明日は来らず』もそのひとつだし、野田の娘の結婚問題も起源に含まれる。そして移ろう社会世相や流行を大胆に取り入れながらも、徹底的に人工的に構成することで破綻をまぬがれている。しかも多彩な要素が、二時間強のこの映画の詩的なリズムや計算のなかで、一種の「謎」として提示されている。

答えを求めてタマネギのように皮をむいていっても、小津の考えや、正解という芯は見つからない。それを「逃げ」と取るのか「魅力」と取るのかは、観客の側にゆだねられている。また演じ手たちの顔や表情に魅力を感じるかどうかも、たとえば文楽の人形や能面が豊かな表情を持っていることに気づくかが鍵となる。映画内に組み立てられた要素が、切実な意味を持って迫ってくるのは、観客の側に受け止める準備ができたときだ。それは言葉の断片や残余や細部といった箇所を、自分なりに読み取る喜びや苦しみを知ったあとなのだろう。

『東京物語』を現在の課題へと開いていくとき、映像としても物語としても、部分的にしか語っていない箇所が読みを誘惑してくる。紀子がこの後、「おひとりさま」としての人生を歩むとすればいったいどうなるのか。現在生きていれば紀子は九十歳くらいになるはずだが、そこにファンが女優原節子を重ねたくなるのも致し方ない。周吉が亡くなった葬儀に紀子は参列したのか。一族はやはり尾道の竹村家で食事をするのか。そのとき京子はどのような立場になっているのか。空想は広がるが、もちろん映画が答えてくれるはずもない。紀子や京子のような虚構の中の人物を、実在の人物と混同することは二十世紀批評の中で強く戒められてきた。だが、実在の人物と間違うくらいの魅力がなくては、虚構の中の人物が私たちに強く印象づけられるはずもない。

それにしても、この映画を家族が解体していく物語と評価するだけではどうにも収まりがつかない。戦後の復興、高度成長、公害問題、バブル経済とその崩壊、デフレやリーマンショックなどいろいろな出来事が、この映画が捉えた東京、熱海、大阪、尾道の風景を変えていった。後から振り返ると感慨深いが、それは失った風景が貴重なせいではない。自然災害や戦災によってだけでなく、経済的理由でいくらでも出来合いの風景は変貌していく。ある世代にノスタルジーを感じさせる風景や建物も、じつは別なときに建てたり作られたものである。こうして観ている側の世界も変貌していくことに気づくのだ。

『東京物語』では刺激的な事件が何も起きないように思える。とみの死さえも事故や殺人や自殺のような悲劇的なものではない。だが、とみの死の姿を借りて、ひそかな欲望や背後に隠れた戦死や空襲などの悲惨さが描き出されている。戦争体験から戦後の復興にまつわる有象無象が要約された映画でもあり、いまだに観客を引きつける魅力はそこなのだ。そして五年や十年を経て再会したときに、前とは違う感慨が付け加わる魅力を持つ作品となっている。余計な情報や予断が加わっていない『東京物語』という題名が、簡潔で効果的なのである。

あとがき

シェイクスピアに「ロマンス劇」と呼ばれる晩年の作品群がある。『ペリクリーズ』や『シンベリン』といったあまり知られていない劇があてはまるのだが、冒頭は家庭悲劇で始まるにもかかわらず、若者の結婚や一族再会が予定調和的に進んでハッピーエンドになるという代物だ。四百年前当時としても、すでに古臭いお話だった。当然ながら若いときに喜ぶ作品ではないし、日本でもほとんど人気がない。唯一の例外は『テンペスト（あらし）』で、最近では植民地主義の観点から光が当てられている。

じつは『晩春』以降の小津映画とはじめて出会ったときに、学生時代にロマンス劇を最初に読んだり観たときと同じように、「退屈なこの作品のどこをおもしろがればいいのだろう」という疑問が湧いたことを覚えている。だが、それから時が経ち、「判断も青臭いサラダの日々」（『アントニーとクレオパトラ』）が過ぎると、いろいろと理解できるようになった。亀の甲より年の劫、とはよく言ったものである。中身のないスカスカに見えた作品に、いろいろな内容が、それこそぎっしりと詰まっているのに気づいたのだ。

またも小津安二郎本かと呆れる人もあろうが、これは『東京物語』をなるべくローカルに読み取ろうする試みである。この映画をグローバルに読むことや世界に誇るのが現在の流れだが、それとは少々異なる観点からの問題提起になっている。たとえば映画内の「さかさくらげ」や「ボンネットバス」や「花柄のワンピース」や「蚊取り線香」は、あまり注目を浴びないし、はっきり聞こえる「燦めく星座」さえも歌詞や引用理由が検討されることはほとんどない。尾道なまりや東京の下町言葉などのニュアンスの違いも、外国語字幕に反映されないし、批評的に検討されることもないようだ。

日本で育った私たちの耳目に入ってくると、何らかの感情をかき立てて連想を引き起こす要素が、他の文化圏の人々には理解できなかったり、看過されてしまうことはよくある（もちろん逆もしかりだ）。そうした細部が映画に厚みを与えているのに、最大公約数的な箇所だけで議論をするのは、少々もったいない。たしかに製作から六十年以上経ているので、映画を観ても現在の私たちが理解できない事柄や風習がある。だからと言って割り切って「外国人の視点で見る」（梶村啓二）といった態度もなかなか採用し難い。少なくとも「昨日の世界」のことを思い出す努力を外国人ではない私たちが怠るべきではない。

今回小津作品を集中して観たおかげで、『東京物語』以外の小津映画が持つ多彩な魅力がよくわかった。個人的に心引かれたベスト三を挙げると、戦前では『非常線の女』『生れてはみたけれど』『一人息子』であり、戦後では『麦秋』『お早よう』『小早川家の秋』である。この選び方にはあれこれと異論もあろうが、それもまた愉しいではないか。ひとつの小津安二郎像に収斂させるのは不可能である。しかも私たちの世代には「ウルトラQ」に登場する一の谷（一ノ谷）博士役でおなじみの江川宇礼雄が、小津作品に何本も出ているのがわかり、なんだかうれしくなってしまった。『学生ロマンス 若き日』を観て、若大将シリーズの口うるさい飯田蝶子にも若い時代があって驚いたのと同じくらいの個人的発見である。

この本は『ゴジラの精神史』（彩流社）という前著から派生した形で生まれた。執筆のために周辺映画を観た中で、一年違いの同じ十一月三日に公開された『東京物語』が強く印象に残った。ゴジラが壊す前の昼間の東京の光景が描かれている作品としてだった。テレビ塔も国会議事堂も共通して登場する。しかも『東京物語』と『ゴジラ』に通底するのが空襲の記憶であり、それぞれの映画が描く母親のとみやゴジラの死は、空襲の被害のみならず、遠く離れた戦地で兵士が戦死したようすを国内で再演していると思い至った。また今回の本の出発点となり、一部情報やアイデアが重複する「東京物語としてのゴジラ」を『土着と近代』（音羽書房鶴見書店）に寄稿している。

なお文中では敬称をすべて略し、小津のシナリオや日記などの文中の引用は旧字旧仮名を新字新仮名に直して適宜句読点を入れたことをお断りしておく。年号の表記は煩雑になるので、二十世紀だけは下二桁で表記している箇所がある。

最後にいつもながら松柏社の森信久社長にはお世話になったことを感謝したい。

二〇一五年八月吉日

小野俊太郎

主要参考文献

『東京物語』の本編は、二〇一三年の『「東京物語」小津安二郎生誕110年・ニューデジタルリマスター』のブルーレイ版による。また、シナリオに関しては、初回限定版についてきた「シナリオ写真集」と、田中真澄編『小津安二郎「東京物語」ほか』に掲載されたものを参考にした。本文に言及されている映画はDVDやVHS版に基づいている。夏目漱石、森鷗外、永井荷風、芥川龍之介、林芙美子、志賀直哉など近代の作家は単行本以外に青空文庫も参照した。雑誌論文やサイトの記事については本文中の言及にとどめた。

＊

厚田雄春・蓮實重彦『小津安二郎物語』筑摩書房、一九八九年
荒木経惟『東京物語』平凡社、一九八九年
磯田光一『鹿鳴館の系譜』講談社、一九九一年
井上和男『陽のあたる家―小津安二郎とともに』フィルムアート社、一九九三年
大野晋『日本語と私』朝日新聞社、一九九九年
『小津安二郎・人と仕事』蛮友社、一九七二年
『小津安二郎―永遠の映画』河出書房新社、二〇〇一年
小津安二郎『僕はトウフ屋だからトウフしか作らない』日本図書センター、二〇一〇年
梶村啓二『「東京物語」と小津安二郎―なぜ世界はベスト1に選んだのか』平凡社、二〇一三年
片岡義男『彼女が演じた役　原節子の戦後主演作を見て考える』中央公論新社、二〇一一年
加藤幹郎『日本映画論1933-2007―テクストとコンテクスト』岩波書店、二〇一一年
加藤幹郎『列車映画史特別講義―芸術の条件』岩波書店、二〇一二年
川本三郎『銀幕の東京』中央公論新社、一九九九年
川本三郎『今ひとたびの戦後日本映画』岩波書店、一九九四年
貴田庄『小津安二郎のまなざし』晶文社、一九九九年
貴田庄『小津安二郎と映画術』平凡社、二〇〇一年
貴田庄『小津安二郎と「東京物語」』筑摩書房、二〇一三年
佐藤忠男『日本映画思想史』三一書房、一九七〇年

佐藤忠男『完本・小津安二郎の芸術』朝日新聞社、二〇〇〇年
志賀直哉全集第七巻「随筆」岩波書店、一九八三年
松竹編『小津安二郎 新発見』講談社、二〇〇二年
末延芳晴『原節子、号泣す』集英社、二〇一四年
高橋治『絢爛たる影絵—小津安二郎』文藝春秋、一九八二年
竹本忠雄『めぐりきて蛍の光』高木書房、二〇〇八年
田中哲男編著『東京の記憶 焦土からの出発』東京新聞出版局、二〇一〇年
田中真澄編『小津安二郎戦後語録集成』フィルムアート社、一九八九年
田中真澄編『全日記 小津安二郎』フィルムアート社、一九九三年
田中真澄編『小津安二郎「東京物語」ほか』みすず書房、二〇〇一年
田中真澄『小津安二郎周游』文藝春秋、二〇〇三年
千葉伸夫『原節子—映画女優の昭和』大和書房、一九八七年
千葉伸夫『小津安二郎と20世紀』国書刊行会、二〇〇三年
都築政昭『ココロニモナキウタヲヨミテ—小津安二郎の詠んだ名歌23』朝日ソノラマ、二〇〇〇年
中澤千磨夫『小津安二郎・生きる哀しみ』ＰＨＰ研究所、二〇〇三年
中野翠『小津ごのみ』筑摩書房、二〇一一年
中丸美繪『杉村春子 女優として、女として』文藝春秋、二〇〇五年
日本地図株式会社『コンサイス 東京都35区区分地図帖—戦災焼失区域表示』日地出版、一九八五年

蓮實重彦『監督 小津安二郎』筑摩書房、一九九二年
蓮實重彦ほか編『国際シンポジウム 小津安二郎 生誕100年「OZU2003」の記録』朝日新聞社、二〇〇四年
浜野保樹『小津安二郎』岩波書店、一九九三年
半藤一利『15歳の東京大空襲』筑摩書房、二〇一〇年
平田オリザ『東京ノート・S高原から（平田オリザ戯曲集1）』晩聲社、一九九五年
フィルムアート社編『小津安二郎を読む—古きものの美しい復権』フィルムアート社、一九八二年
『ブルータス』二〇一三年十二月号（「特集 小津の入り口。」）
デヴィッド・ボードウェル『小津安二郎 映画の詩学』杉山昭夫訳、青土社、二〇〇三年
山内静夫『松竹大船撮影所覚え書—小津安二郎監督との日々』かまくら春秋社、二〇〇三年
吉田喜重『小津安二郎の反映画』岩波書店、二〇一一年
四方田犬彦『日本の女優』岩波書店、二〇〇〇年
『ユリイカ』二〇一三年十一月臨時増刊号（「総特集 = 小津安二郎 生誕110年／没後50年」）
與那覇潤『帝国の残影—兵士・小津安二郎の昭和史』NTT出版、二〇一一年
笠智衆『大船日記—小津安二郎先生の思い出』扶桑社、一九九一年
ドナルド・リチー『小津安二郎の美学—映画のなかの日本』山本喜久男訳、社会思想社、一九九三年
歴史地震研究会『地図にみる関東大震災—関東大震災の真実』日本地図センター、二〇一三年

◆著者略歴
小野俊太郎（おの・しゅんたろう）
北海道札幌市生まれ。文芸・文化評論家。東京都立大学卒業。成城大学大学院英文科博士後期課程単位取得。成蹊大学、青山学院大学などで教える。
主な著書に『人間になるための芸術と技術』、『デジタル人文学』（松柏社）、『明治百年』（青草書房）、『フランケンシュタインの精神史』、『スター・ウォーズの精神史（近刊）』（彩流社）など。他多数。

『東京物語』と日本人
2015年11月20日発行
著　者　小野俊太郎
発行者　森　信久
発行所　株式会社 松柏社
〒一〇二‐〇〇七二
東京都千代田区飯田橋一‐六‐一
電　話　〇三（三二三〇）四八一三（代表）
FAX　〇三（三二三〇）四八五七
メール　info@shohakusha.com
装丁・組版　常松靖史［TUNE］
印刷・製本　倉敷印刷株式会社

ISBN978-4-7754-0221-4